老子

生命的大智慧

余培林——编撰

九州出版社
JIUZHOUPRESS

图书在版编目（CIP）数据

生命的大智慧 ： 老子 / 余培林著. -- 北京 ： 九州出版社，2017.7

ISBN 978-7-5108-5662-4

Ⅰ. ①生… Ⅱ. ①余… Ⅲ. ①道家②《道德经》一研究 Ⅳ. ①B223.15

中国版本图书馆CIP数据核字(2017)第173412号

生命的大智慧：老子

作　　者	余培林
责任编辑	李黎明
出版发行	九州出版社
地　　址	北京市西城区阜外大街甲35号（100037）
发行电话	(010)68992190/3/5/6
网　　址	www.jiuzhoupress.com
电子信箱	jiuzhou@jiuzhoupress.com
印　　刷	北京盛通印刷股份有限公司
开　　本	787毫米×1092毫米　32开
印　　张	10.25
字　　数	200千字
版　　次	2017年11月第1版
印　　次	2017年11月第1次印刷
书　　号	ISBN 978-7-5108-5662-4
定　　价	52.00元

【总序】

用经典滋养灵魂

龚鹏程

每个民族都有它自己的经典。经，指其所载之内容足以做为后世的纲维；典，谓其可为典范。因此它常被视为一切知识、价值观、世界观的依据或来源。早期只典守在神巫和大僚手上，后来则成为该民族累世传习、讽诵不辍的基本典籍。或称核心典籍，甚至是“圣书”。

佛经、圣经、古兰经等都是如此，中国也不例外。文化总体上的经典是六经：《诗》、《书》、《礼》、《乐》、《易》、《春秋》。依此而发展出来的各个学门或学派，另有其专业上的经典，如墨家有其《墨经》。老子后学也将其书视为经，战国时便开始有人替它作传、作解。兵家则有其《武经七书》。算家亦有《周髀算经》等所谓《算经十书》。流衍所及，竟至喝酒有《酒经》，饮茶有《茶经》，下棋有《弈经》，相鹤相马相牛亦皆有经。此类支流稗末，固然不能与六经相比肩，但它各自代表了在它那一个领域中的核心知识地位，却是很显然的。

我国历代教育和社会文化，就是以六经为基础来发展的。直到清末废科举、立学堂以后才产生剧变。但当时新设的学堂虽仿洋制，却仍保留了读经课程，以示根本未隳。辛亥革命后，蔡元培担任教育总长才开始废除读经。接着，他主持北京大学时出现的“新文化运动”更进一步发起对传统文化的攻击。趋势竟由废弃文言，提倡白话文学，一直走到深入的反传统中去。论调越来越激烈，行动越来越鲁莽。

台湾的教育、政治发展和社会文化意识，其实也一直以延续五四精神自居，以自由、民主、科学为号召。故其反传统气氛，及其体现于教育结构中者，与当时大陆不过程度略异而已，仅是社会中还遗存着若干传统社会的礼俗及观念罢了。后来，台湾朝野才惕然憬醒，开始提倡“文化复兴运动”，在学校课程中增加了经典的内容。但不叫读经，乃是摘选《四书》为《中国文化基本教材》，以为补充。另成立文化复兴委员会，开始做经典的白话注释，向社会推广。

文化复兴运动之功过，诚乎难言，此处也不必细说，总之是虽调整了西化的方向及反传统的势能，但对社会普遍民众的文化意识，还没能起到警醒的作用；了解传统、阅读经典，也还没成为风气或行动。

二十世纪七十年代后期，高信疆、柯元馨夫妇接掌了当时台湾第一大报中国时报的副刊与出版社编务，针对这个现象，遂策划了《中国历代经典宝库》这一大套书。精选影响国人最为深远的典籍，包括了六经及诸子、文艺各领域的经典，遍邀名家为之疏解，并附录原文以供参照，一时朝野震动，风气丕变。

其所以震动社会，原因一是典籍选得精切。不蔓不枝，能体现传统文化的基本匡廓。二是体例确实。经典篇幅广狭不一、深浅悬隔，如《资治通鉴》那么庞大，《尚书》那么深奥，它们跟小说戏曲是截然不同的。如何在一套书里，用类似的体例来处理，很可以看出编辑人的功力。三是作者群涵盖了几乎全台湾的学术菁英，群策群力，全面动员。这也是过去所没有的。四，编审严格。大部丛书，作者庞杂，集稿统稿就十分重要，否则便会出现良莠不齐之现象。这套书虽广征名家撰作，但在审定正讹、统一文字风格方面，确乎花了极大气力。再加上撰稿人都把这套书当成是写给自己子弟看的传家宝，写得特别矜慎，成绩当然非其他的书所能比。五，当时高信疆夫妇利用报社传播之便，将出版与报纸媒体做了最好、最彻底的结合，使得这套书成了家喻户晓、众所翘盼的文化甘霖，人人都想一沾法雨。六，当时出版采用豪华的小牛皮烫金装帧，精美大方，辅以雕花木柜。虽所费不赀，却是经济刚刚腾飞时一个中产家庭最好的文化陈设，书香家庭的想象，由此开始落实。许多家庭乃因买进这套书，而仿佛种下了诗礼传家的根。

高先生综理编务，辅佐实际的是周安托兄。两君都是诗人，且侠情肝胆照人。中华文化复起、国魂再振、民气方舒，则是他们的理想，因此编这套书，似乎就是一场织梦之旅，号称传承经典，实则意拟宏开未来。

我很幸运，也曾参与到这一场歌唱青春的行列中，去贡献微末。先是与林明峪共同参与黄庆萱老师改写《西游记》的工作，继而再协助安托统稿，推敲是非、斟酌文辞。对整套书说不上有什么助益，自己倒是收获良多。

书成之后，好评如潮，数十年来一再改版翻印，直到现在。经典常读常新，当时对经典的现代解读目前也仍未过时，依旧在散光发热，滋养民族新一代的灵魂。只不过光阴毕竟可畏，安托与信疆俱已逝去，来不及看到他们播下的种子继续发芽生长了。

当年参与这套书的人很多，我仅是其中一员小将。聊述战场，回思天宝，所见不过如此，其实说不清楚它的实况。但这个小侧写，或许有助于今日阅读这套书的大陆青年理解该书的价值与出版经纬，是为序。

【导读】

人生价值的体现

余培林

在日常生活中，有没有人教你们不要表现坚强，而表现柔弱？有没有人教你们不要表现聪明，而表现愚鲁？我想没有吧。可是，你们知不知道在中国历史上却有这么一个人，他不仅教人表现柔弱、愚鲁，更教人无为、无我、无欲、居下、退后、清虚、自然……这个人就是老子。诸位一定很奇怪，老子为什么有这样的主张？他是不是傻子？告诉诸位，他一点也不傻。不仅不傻，他的智慧之高，简直令人无法测知。正因为他有超人的智慧，所以他才有这种一般人难以理解的主张。打个比方说，老子好像是“千里眼”，一般人好像是“近视眼”，“千里眼”所看到的景物，“近视眼”怎么能看得到呢？

就以柔弱来说，一般人都认为刚强好，柔弱坏，所以都教人刚强，不要表现柔弱。但老子认为刚强的容易折断，柔弱的反而能够保全。我们看，牙齿比舌头刚强吧？人到老年的时候，牙齿全部脱落，舌头却完好无恙。我们再看，大树比小草刚强吧，台风来的时候，大树经常被连根拔起，小草却从来没有听说被拔起来一根。这不是说明了刚强的未必是真强，柔弱的才是真正的强吗？柔弱不仅比刚强要强，还能克服刚强，这就是俗语所谓的“柔能克刚”了。我们看，风无形无体，却能够拔屋倒树；水可方可圆，却能够怀山襄陵。这不是很好的例证吗？由此看来，老子教人表现柔弱，有什么不对呢？

再以愚鲁来说，一般人认为聪明好，愚鲁坏，所以都教人表现聪明，不要表现愚鲁，但老子认为一个真正的智者，应该表现愚鲁，这就是俗语所谓的“大智若愚”了。我们看，孔子的弟子颜回、曾参得道最高，但颜回平时表现就像一个愚蠢的人（《论语·为政》：子曰：“吾与回言终日，不违，如愚。退而省其私，亦足以发，回也不愚。”），曾子就像一个钝鲁的人（《论语·先进》：参也鲁）。我们再看，一个大富翁，一定深藏不露，美国的休斯有二十亿美金，平时却深居简出，就是证明。反之，一个人平时两只手十个手指都戴金戒，脚上戴金镯，嘴上装金牙，颈上挂金链，家里可能空空如也，银行里也没有存款，因为他所有的宝都现在外面了啊。

事实上，一个真正的智者，由于把智慧集中在某一方面，而在其他方面的表现，的确会像是一位愚者。如牛顿的开猫洞、爱迪生的遭退学，不都是很好的例证吗？要知道人的智慧精力毕竟是有限的，如果要想有所成就，一定要把全部的智能、精力集中在一点，而在其他方面做一个愚者才行。反之要想面面俱到，路路皆通，结果养成了皮毛之见，肤浅之知，面面不到，路路不通，表面上聪明，实际上愚不可及。由此看来，老子教人表现愚鲁，又有什么不对呢？

柔弱，就能谦下不争；愚鲁，就能弃华取实。谦下不争，就能无私无我，一切依循自然；弃华取实，就能反省内观，最后归真返朴。儒家也讲谦虚，也讲反省，只是不如老子讲得彻底罢了。

老子思想之所以难以为一般人所接受，是因为一般人只能看到事物的表面，而老子却能看到里面；一般人只能看事物的正面，而老子却能看到反面。所以有了老子思想，中华文化不仅增加了广度，也增加了深度。同时更使中华文化增加了韧性。我们知道，有些民族、国家的文化，刚猛有余，柔韧不足，所以这些国家或民族，只能前进，不能后退；只能处顺境，不能处逆境，一遇到挫折打击，往往会一蹶不振，崩溃瓦解。但中华文化由于有韧性，既能前进，也能后退；既能处顺境，也能处逆境，虽遇到挫折打击，也能承受不倒，并且还能迂曲转进。就好像一株有韧性的草，你在它上面压一块大石头，它还能从旁边迂曲地伸出头来，继续生长。所以中华文化有了老子的思想，更显得恢廓有容，可大可久。

诸位也许要问，在今天这个科学时代，老子的思想还有其价值吗？我们的答案是肯定的。我们知道，任何一个思想有没有价值，端看它能不能合用。老子的思想在今日不仅实用，而且非常重要。我们都知道，今天是一个科学时代，物质生活突飞猛进，但物质生活的发展，不仅不能使人感到满足，而且精神会感到空虚，甚至痛苦。如果继续用物质来治疗，那就等于饮鸩止渴，痛苦更深。扩大到国家，为了满足物质欲望，往往争夺原料，争夺市场，而互相侵伐，互相吞噬，弄得全世界充满杀机，如果不加以制止，人类迟早有一天会遭到毁灭性的大祸。

老子反对物欲，讲求精神生活；反对人为，讲求体法自然。我们一谈到他的思想，就好像荒漠中遇到了甘泉一样，心灵上获得了滋润，精神上也有无穷的怡悦。我们相信，世上每一个人，都能重视精神生活，以精神来役使物质，才能消除国家与国家的争夺杀伐，才能化解人类毁灭的危机。而老子思想就可以达到这个效果，这是老子思想在现代社会中的最大功用，也是它在现代社会中的价值所在。

目　录

【导读】人生价值的体现……7

认识老子其人其书……17

一、老子其人……17

二、老子其书……18

三、老子思想形成的因素……22

四、老子思想流行的原因……27

五、本书简介……28

正文解析……31

第一章……32

第二章……39

第三章……44

第四章……47

第五章……50

第六章 53
第七章 55
第八章 58
第九章 62
第十章 65
第十一章 68
第十二章 71
第十三章 74
第十四章 77
第十五章 81
第十六章 85
第十七章 89
第十八章 92
第十九章 95
第二十章 98
第二十一章 102
第二十二章 105
第二十三章 108
第二十四章 111
第二十五章 114
第二十六章 118
第二十七章 121
第二十八章 124

第二十九章 127
第三十章 130
第三十一章 133
第三十二章 136
第三十三章 139
第三十四章 142
第三十五章 145
第三十六章 148
第三十七章 151
第三十八章 154
第三十九章 158
第四十章 162
第四十一章 169
第四十二章 174
第四十三章 177
第四十四章 179
第四十五章 182
第四十六章 185
第四十七章 187
第四十八章 190
第四十九章 192
第五十章 195
第五十一章 199

第五十二章 202
第五十三章 205
第五十四章 208
第五十五章 211
第五十六章 214
第五十七章 217
第五十八章 220
第五十九章 224
第六十章 227
第六十一章 230
第六十二章 234
第六十三章 237
第六十四章 240
第六十五章 243
第六十六章 246
第六十七章 249
第六十八章 253
第六十九章 256
第七十章 259
第七十一章 262
第七十二章 265
第七十三章 268
第七十四章 271

第七十五章 274
第七十六章 277
第七十七章 280
第七十八章 282
第七十九章 285
第八十章 288
第八十一章 291

结　语 294
一、老子思想的系统 294
二、老子思想的精神 316
三、老子思想的价值 318
四、老子思想的影响 321

附录：重要参考书目 327

认识老子其人其书

一、老子其人

任何一个人读一本书，一定急切地想知道这本书的作者生平，并且知道得越多越好。有关老子的生平，《史记》有他的传。传文的意思虽然有一点含糊不清，但这是有关老子生平唯一的资料，所以十分珍贵。现在我们就根据《史记》的记载把老子的生平作一番介绍。

依据《史记》的记载，老子姓李，名耳，字聃，是春秋时期楚国苦县厉乡曲仁里人，和孔子同时而稍微早一点。他做周政府守藏室的史官，这个职务相当于现在的国家图书馆馆长。孔子到周政府所在地洛阳去，曾经向他请教过礼。他告诉孔子说："一个了不起的商人，深藏财货，而外表看起来好像是空无所有；一个有修养的君子，内藏道德，而外表看起来好像是愚蠢迟钝。你要去掉骄傲之气和贪欲之心，这些对你都没有益处。"

老子在周政府待了很久，看到了周室日渐衰微，于是就离开周。将要出关的时候，守关的关员看到了就对他说："你平时不留文字，现在快要隐居了，勉强为我们写一本书吧。"于是老子就写了一本书，分为上下篇，内容谈的都是“道”和“德”，一共五千多字。写好以后就走了。从此以后就没有人知道他的下落。他大概活了一百六十多岁，也有人说活了两百多岁，因为他修道并且善于养生的关系。

在孔子死后一百二十九年，周政府有一个太史名叫儋（dān）的出关见秦献公，于是有人传说太史儋就是老子，也有人说不是，世人也不晓得哪一种说法对。其实老子志在做一个隐居的君子，从这个方向去想，就晓得太史儋是不是老子了。

老子的儿子名叫宗，宗做过魏国的将军，封在段干。宗的儿子叫做注，注的儿子叫做宫，宫的玄孙叫做假，假在汉文帝的时候做过官。假的儿子叫做解，做过胶西王刘卬（áng）的太傅，于是从此就定居在齐国了。

二、《老子》其书

现在一般通行的《老子》书，都分上下篇。上篇的第一句是“道可道，非常道”。下篇的第一句是“上德不德，是以有德”。因此后人就取上篇的“道”字和下篇的“德”字，合起来称它为《道德经》。但是不久以前出土的《帛书老子》却不分上下篇，而且德经在前，道经在后。有人说这是法家所用的本子，并举《韩非子·解老》篇先解德经后解道经作为证明。我们细看《解老》篇中引老子的各章并不是很有次序的，他固然是先解德经后解道经，但解了道经以后又解德经，这又怎么解释呢？《解老》篇如此，《喻老》篇也是一样。所以拿《解老》和《喻老》两篇引老子的次序作为证明，恐怕是不太妥当。

《史记·老庄申韩列传》说："老子乃著书上下篇，言道德之意五千余言。"这和现行的《道德经》符合。我们认为司马迁的说法应该是可信的。因为太史公网罗天下放失旧闻，取金匮石室之书，《老子》书究竟是一篇还是两篇，他应该很清楚。在《老庄申韩列传》中，提到庄周、申不害、韩非的书，都没有错，为什么独独老子就错呢？所以他明标"上下篇"，那是不会有问题的。至于《帛书老子》的问题，那只是一个特例，那是因为抄写的人只抄原文，抄完下篇，接着就抄上篇，而没有标出"上篇"、"下篇"的字样罢了。至于为什么先抄下篇，后抄上篇，我们的看法是战国以来有一派人特别重视下篇，而抄写帛书的人，就是其中之一。这一派人很可能就是法家的人物，我们看《韩非子·解老》篇共解《老子》十章，上篇只有一章（第一章），其他九章都在下篇。《喻老》篇共解《老子》十四章，上篇只有四章，其他十章都在下篇。由这个事实，就可以得到证明了。在《老子》书中，"道"是本，"德"是用，"德"要比"道"浅显得多。《老子》书上篇多言"道"，下篇多言"德"。而法家取用老子思想，重在实用，取用"德"已足够应用，不必取用"道"。这就是为什么《韩非子》中《解老》、《喻老》两篇多解《老子》下篇的原因了。

现在再谈分章的情形。《老子》书的分章有三种情形：一是分八十一章，一是分七十二章，另一是分六十八章。王弼本和河上公本都分为八十一章，这是最通行的一种。汉严遵《道德指归论》分为七十二章，但严书相传是伪作，不足为据。元吴澄分为六十八章，后来也有人采用，如清魏源就是，不过采用的人比较少罢了。最近马王堆汉墓中所发现的两种《帛书老子》都不分章，这一来更使得人糊涂了。我们认为不分章比较接近事实。因为第一，《史记·老庄申韩列传》只说著书上下篇，并没有提到分多少章，可见原来并没有分章。想想看太史公连"五千余言"都说了，如果原来就分章的话，他会不顺便地提一下吗？第二，先秦典籍如《论语》、《墨子》、《孟子》、《庄子》、《荀子》……都只分篇，没有一本书是分章的，《老子》当然也不例外。现在《大学》分十章，《中庸》分三十三章，都是宋儒朱熹分的，在《礼记》里只是两篇，并不分章。第三，《老子》分章，不管是分八十一章、七十二章，或六十八章，有些章分得非常勉强，有些则根本分错了。以八十一章为例，如第二十章的第一句"绝学无忧"就应该在十九章的末尾。二十二章应该在二十四章的后面（《帛书老子》就是如此），并且应该合为一章。由此看来，《帛书老子》的不分章，应该是《老子》一书的本来面目。后人为了阅读方便，在上下篇之外，又分为若干章，一直流传到今天。至于河上公本在每一章之前又立了一个标题，如《道体第一》、《养身第二》等，则又是在分章以后，后人所妄加的，离《老子》的原来面目那就更远了。

《老子》全书的字数，司马迁说有“五千余言”，和现行的《老子》吻合。《帛书老子》的字数似乎要多一点，但所多的大部分是句末语气词，对文意没有什么大影响，所以大致上还是合于司马迁的说法。我们常听说“老子五千言”或“五千文”，只是取一个成数而已。

《老子》一书，有人以为太史儋所作，有人以为是庄子的门徒所依托，也有人以为是吕不韦的门客所纂辑，更有人以为是汉人所掇拾而成。真是众说纷纭，莫衷一是。在这纷纭众说中，我们认为还是司马迁的说法最为可信。因为其中有些文字，必定出自于老子之口，庄子以后的人是无法说出来的，如“道冲，而用之或不盈，渊兮似万物之宗。……吾不知谁之子，象帝之先”（四章）。如“吾不知其名，字之曰道，强为之名曰大”（二十五章）都是。胡适之先生曾说：“《老子》书中论‘道’，尚有‘吾不知其名，字之曰道，强为之名曰大’的话，是其书早出最有力之证，这明明说他初得这个伟大的见解，而没有相当的名字，只好勉强叫他做一种历程——道或形容他叫做‘大’。这个观念本不易得多数人的了解，故直到战国晚期才成为思想界一部分人的中心见解。但到此时期——如《庄子》书中——这种见解，已成为一个武断的原则，不是那‘强为之名’的假设了。”（《与钱穆先生论〈老子〉问题书》）徐复观先生也曾说：“《老子》一书，没有一个性字。性字的流行，乃在战国初期以后，所以《论语》中也只有两个性字。现行《老子》一书中，有实质的人性论，但不曾出现性字，这可证明它是成立于战国初期以前的东西，不足为异。”（《道家人性论的创始者——老子的道与德》）胡、徐二位先生的看法，真是超人一等。如果仔细推究一下战国时代的道家之学，就可以看出列子的贵虚，是老子贵柔思想的演进；杨朱的为我，是老子无为哲学的发展；庄子的旷达，是老子自然主义的开拓。诸家学说“其要本归于老子之言”（《史记·老庄申韩列传》）。而《道德经》则是诸家学说的摇篮。

当然，《老子》书中也有后人杂入的文章，如二十六章的“万乘之主”，全书常见的“侯王”等词，显然都是战国时代的成语，而不是春秋末年所能有的。另外也有注文混进去的，如三十一章的“偏将军居左，上将军居右，言以丧礼处之”。既用“言”字，当然是注文无疑。不过这些文字并不多，所以，这本书的作者，我们认为还是老子，只不过有很少的部分是后人的文字或注文混入的罢了。

三、老子思想形成的因素

任何一种思想的形成，分析起来，其因素固然复杂，但总不外乎主观和客观两方面，老子当然也不例外。影响老子思想的客观因素是时和地，主观因素是学养和年寿。兹分别说明如下：

1. 地　老子是楚国人，楚国位居中国的南方，这一点对他的思想有非常大的影响。因为南方风气柔弱，不像北方风气刚强，因此形成老子重视柔弱的思想。在《礼记·中庸》里，孔子就曾说过："宽柔以教，不报无道，南方之强也。衽金革，死而不厌，北方之强也。"这话用现在口语说出来就是："用宽容柔弱教诲人，有人对我横逆无礼，我也受而不报，这是南方式的强。穿着铠甲，拿着兵器，战死了也不皱一下眉头，这是北方式的强。"我们看老子一再讲"守柔曰强"（五十二章）、"柔弱胜刚强"（三十六章）、"强梁者不得其死"（四十二章），这不是"宽柔以教"吗？老子又说"报怨以德"（六十三章），这不是"不报无道"吗？另外，南方天气和暖，土地肥沃，衣食常足，不忧冻饥，因此人人喜欢顺应自然，做个遁世的人，而对人为的政治，都持反对态度，甚至反对传统的政治社会制度。我们看《论语》里的隐者如楚狂接舆、长沮、桀溺，都是楚人。《汉书·艺文志》中的道家如蜎子、长芦子、老莱子、鹖冠子，也都是楚人，由此我们可以知道，老子"小国寡民"、"自然无为"的思想，其产生的根源都和他出生于楚地有关。

2. 时　老子所处的时代和孔子相同，是春秋的晚期。这时候齐桓、晋文的霸业早已过去，而由南方蛮夷国吴越争霸。"尊王攘夷"的口号久已不行，王室衰微，王纲不振。礼乐征伐不仅不能由天子出，也不能由诸侯出，而大都出于大夫之手。鲁国三桓专政，齐国田氏篡夺，晋国六卿擅权。这是政治方面的情形。"师之所处，荆棘生焉，大军之后，必有凶年"。（三十章）"天下无道，戎马生于郊。"（四十六章）这是军事方面的情形。税收十取其二，还嫌不足（《论语·颜渊》），“苛政猛于虎。”（《礼记·檀弓》），井田废弃，“朝甚除，田甚芜。”（五十三章）这是经济方面的情形。贵族没落，礼制败坏，封建制度崩溃，这是社会伦理的情形。总而言之，这是一个极度混乱的时期。

孔子是贵族的后代，尽力想挽回这种颓势，虽然明明知道不可为，但还是努力去做。老子虽和孔子处在同一时代，但是由于出身不同，地域各异，所以应付的方法也就不同。政治方面，他主张“无为”，赞成治政者“无心，以百姓心为心”（四十九章）的民主。军事方面，他反对战争，他认为“兵者，不祥之器，物或恶之，故有道者不处”（三十章）。社会伦理方面，他反对礼制，说“礼者，忠信之薄，而乱之始也”（三十八章）。经济方面，他虽没有说出什么主张，但由他反对税收的情形来看，他是赞成轻税的，或者根本废除税收。这些主张，虽然本来是为了救世之急，但由于原则正确，所以也并不限于一时之用，汉代文景用了而天下大治，不就是最好的说明吗？

3. 学养 《史记·老庄申韩列传》说老子曾做过周室的柱下史，这个职务，相当于现在的图书馆的馆长。由于职务上的便利，他可以饱览群书，对历史上的成败、存亡、祸福，看得多了，知道世界上的一切纷争都是起于欲念，一切罪恶都是肇因于人为，所以他主张归真返朴，致虚守静，弃人事而任自然。班固《汉书·艺文志》诸子略序说道家：“知秉要执本，清虚以自守，卑弱以自持。”真是一针见血。

不过，我们认为在古代的典籍中，对老子影响最大的应该是《易经》这一本书。因为任何一种思想，并不是凭空可以产生的，而必定上有所承。老子的宇宙论这样的深微玄妙，如果说没有所承，那是难以置信的。但老子以前并没有大思想家，因此老子所能承受的就只有《易经》了。班固说九流十家是“六经之支与流裔”(《汉书·艺文志》)，换一句话，六经就是九流十家的根本。但六经中《诗》是文学典籍，《书》是公文总汇，《礼》和《乐》都和思想无关，《春秋》在老子时还没有产生，那么能够作为老子思想根源的，就只有《易经》了。所以我们说老子思想是承受《易经》而来。

我们看《易经》六十四卦，没有一卦六爻都是好的，只有谦卦例外，而老子特别重视谦下退让。《易经》是讲休咎祸福的，而《老子》书中殃、咎、祸、福等字样，触目皆是。《易经》是讲阴阳消长的，而循环反复是老子思想中重要的一环。《易经》讲宇宙的演化是“易有太极，是生两仪，两仪生四象，四象生八卦”(《系辞上》)。而老子则说：“道生一，一生二，二生三，三生万物。”次序和《易经》相当。易有简易、变易、不易三种含意，而老子以“道”为宇宙根源，可称简易。讲“正复为奇，善复为妖”，万物循环反复，这是变易。而变化中自有法则，如说：“复命曰常。”（十六章）又说：“用其光，复归其明，是谓袭常。”（五十二章）这是不易。有这许多相通的地方，谁还能说老子的思想没有受到《易经》的影响呢！王弼一生注解的书最重要的只有两本，那就是《易经》和《老子》，由此看来，王弼老早就看出这两书的精神有贯通之处了。

4. 年寿　形成老子精微玄妙思想的，年寿也是重要因素之一。因为年寿愈高。学养愈深，思想愈精。就以孔子来说，“三十而立，四十而不惑，五十而知天命，六十而耳顺，七十而从心所欲，不逾矩。”每隔十年，就有一番精进。如果孔子活不到七十岁，就没有办法到达“从心所欲，不逾矩”的境界。同样的，老子如果只活个四五十岁，也就没有办法产生这样精深的思想，所以近代有人说《老子》这本书，是一群有智慧的老人言论的总集。仅就年龄一项来看，倒也不无道理。

依据《史记》记载，老子活了一百六十多岁，这很有可能。因为老子修道养寿，年寿当然比一般人高，他的名字叫“聃”，说文：“聃，耳曼也。”“耳曼”就是耳长，耳长又是长寿的特征。近代人考证老子不姓李，而姓老，如果姓老的话，又是一个长寿的征象，我们看老莱子七十岁时父母还健在，他还穿着彩衣来娱乐双亲，以此来推，老子活到一百六十多岁当无问题。《史记》说老子“居关久之，见周之衰，乃遂去”。那么，老子在写书的时候，至少也有七十岁左右，当然对世事物理，能够看得透透彻彻，再加上深厚的学养，自然能形成玄妙而有系统的思想了。

四、老子思想流行的原因

有人说老子思想所以能流行，是因为学术、政治、文学、宗教等取用的关系。这个说法并不完全正确。因为学术、政治、文学、宗教的取用，只是流行的结果，并不是流行的原因，虽然这也能产生推波助澜的作用，但究竟不是最基本的原因。我们认为最基本的原因是由于老子的思想既有深度，又有广度。有深度是说他的思想有微妙玄通、深不可测的形而上学作为基础，因而能够有广大开展，这就好像是长江大河有了不寻常的源头，因而才能有激流腾涌、波澜壮阔的下游。有广度是说他的思想能够实用，并且能够应用多方。因而先秦诸子除道家外，其他如法家、阴阳家、杂家、兵家，无不引用。甚至连儒家都多多少少地受到一点影响。有深度，蕴藏无穷，探讨不尽，因而能得到知识分子的倾心，而应用于政治、学术、文学、宗教。有广度，失败之后，使人心平气和；退后一步，感觉海阔天空，因而能得到平民百姓的喜爱，而应用于日常生活之中。发展到今天，老子的思想，不仅受到中国人的重视，也受到全世界人士的注意了。前几年美国《纽约时报》时报把老子列为全世界古今十大作家之首，不就是一个最好的证明吗？

五、本书简介

本书介绍《老子》，共分三大部分。第一部分是前言，第二部分是正文解析，第三部分是结语。第一部分又分为五个部分，分别介绍老子其人、老子其书、老子思想形成的因素，老子思想流行的原因，以及本书简介。其目的在于使读者了解老子生平，《老子》一书的成书经过，分篇分章的情形，老子思想形成的因素，老子思想流行的原因，以及本书的内容大概。

第二部分是按次序介绍《老子》八十一章正文。每章介绍的方式分为四个步骤，首先列出原文，其次译意，其次解析，最后说明。《老子》只有五千言，并且字字珠玑，不读原文，是无法体会它深厚的含意的，所以我们首先把原文列出来，让读者和译文互参，而能够体会到它的精义深趣。译文部分是读者通到原文的桥梁。不过，我们的译文并不是逐字逐句译的，而是采取意译的方式，让读者能够融会原文的意思，而不受字句的束缚。“解析”部分不仅解释字的意思，更说明它的内容，并沟通前后文的思想。“说明”部分是对全章的中心旨趣作一说明，当然，有的时候也会稍作引申。

第三部分又分为四小部分，分别介绍老子思想的系统、精神、价值、影响。老子思想是有系统的，尤其是形而上的部分，但这个系统在《老子》书里看不出来，一定要把它做一个整理，然后思想系统才能显现。我们为了要使读者对老子思想有一个整体的、有系统的认识，所以就把他的思想系统陈列出来，以方便读者。至于老子思想的精神何在？有什么价值？对后代又有什么影响？这些也都是读者所关心的事，我们也不嫌浅陋地把它一一写出来，以供参考。

末尾，附上重要的参考书籍，以备读者在读完本书后，如果还想阅读有关书籍时，便于参酌。

在这三大部分之中，当然以第二部分正文解析最为重要，其他两部分，都是从这一部分衍生出来的。读者要想了解老子，一定要先看这一部分。如果忽略这一部分，而把重心放到其他两部分去，那就是本末倒置了。

本书采用王弼注本。因为王弼本注得最好，也最通行，坊间很容易就可以买到。参考的书很多，大致都在最后附的参考书目里，恕不一一列举。至于原文字句的更动，大部分都根据《帛书老子》。因为《帛书老子》是最近才出土的，是汉高祖、汉惠帝时候的人抄写的，比现在任何一家的《老子》都早，当然是最具权威，也是最有参考价值的。

正文解析

老子道德經上篇

晉 王弼 注

一章（案河上公注本此爲體道章今依張之象所錄王注原本）

道可道非常道名可名非常名

可道之道可名之名指事造形非其常也故不可道不可名也

無名天地之始有名萬物之母

凡有皆始於無故未形無名之時則爲萬物之始及其有形有名之時則長之育之亭之毒之爲其母也言道以無形無名始成萬物以始以成而不知其所以元之又元也

故常無欲以觀其妙（案永樂大典此句上無故字）

妙者微之極也萬物始於微而後成始於無而後生故常無

第一章

道可道，非常道；名可名，非常名。无，名天地之始；有，名万物之母。故常无，欲以观其妙；常有，欲以观其徼（jiào）。此两者，同出而异名，同谓之玄。玄之又玄，众妙之门。

【译意】

文字没有办法完全表达语言，语言也没有办法完全表达意思，语言文字的功用是很有限的。所以一个很浅显的道理，还可以用语言文字来解说，至于那包含宇宙万物之理的大道，没有形状，看也看不到；没有声音，听也听不到；没有实体，摸也摸不到，并且恒久不变，那就不是语言文字所能解说的了。同样道理，一个普通的真相，还可以给它加上一个名称来称谓，至于那包含宇宙万物之理的大道的真相，恒久而不变，是没有办法给它加上一个名称来称谓的。因为你称它为甲，它就不是乙，你称它为彼，它就不是此了。因此，要了解大道，可不能执着于语言文字和名相，完全要靠心灵去领悟，否则，就要走入迷途而永远无法清醒。明了这个道理，就可以谈谈天地万物创生的情形了。天地开始的时候，没有物体，没有形象，这种情形，可以称之为“无”，这“无”就是“道”的本体，而这“道”就是宇宙的本源。当“道”一产生创生的作用，万物就随之而生。在万物创生而没有形体的时候，可称之为“有”，这“有”就是“道”的作用。所以，常想到天地的本始是“无”，就可以了解道的本体精微奥妙；常想到万物的根源是“有”，就可以了解道的作用广大无边。“无”和“有”一是道的本体，一是道的作用，各是道的一面，可以说同出于道，只是名称不同而已，并且都可以称为玄妙，玄妙而又玄妙，那就是宇宙万物创生的本源——“道”了。

【解析】

“道可道，非常道；名可名，非常名。”第一个“道”字是名词，指宇宙的本源。关于宇宙的本源，古代希腊哲学家有人说是水，有人说是火，也有人说是空气，中国的阴阳家认为是五行（金、木、水、火、土），老子却认为是“道”（说见第四、第二十一、第二十五各章）。第二个“道”字是动词，讲说的意思。“常”的意思是恒久不变。“常道”，就是恒久不变的道。第一个“名”字是名词，指“道”的真相。第二个“名”字是动词，称谓的意思。“常名，就是恒久不变的名。”老子的“道”，包含着宇宙万物的发源、生长、变化、归宿的道理，是非常玄妙而无法用语言文字来讲说的，但又不能不说，所以只好立了这五千余言。佛家讲到最高境界，也只是说："不可说！"世尊在灵山会上，拈花示众，这时大家都默然不响，只有迦叶尊者绽颜微笑。世尊只是以花示众，并未说破，迦叶参悟禅机，也只是微笑而已，不用语言解说。因为形诸语言，反而破坏真相，横生枝节，佛教禅宗所谓"说是一物即不中"。就是这个道理。老子立了五千余言，怕后人把这五千余言就当作"道"的全部，所以开宗明义就要人不要过分执着语言文字，这五千余言并非"常道"，只是通往"常道"的桥梁而已。事实上，对所有的书籍，都不应该过分地执着它的文字，孟子所谓"尽信书，则不如无书"(《孟子·尽心下》)。就是这个意思。《淮南子·道应训》里有一段桓公和木匠轮扁的对话，把这个道理说得最为清楚：

轮扁："您所读的是什么书？"

桓公："是圣人的书。"

轮扁："那个圣人在什么地方？"

桓公："已经死了。"

轮扁："那么，您所读的只是圣人的糟粕罢了。"

桓公："我在读书，你一个木匠竟敢讥讽我！你说得出理由来，还则罢了，如若不然，我可要你的命！"

轮扁："是的，我有理由。拿我造轮的例子来作一个说明，斧头挥动得太快了则感到很苦，而且砍不进去，挥动得太慢了则感到轻松，又做得不够完好。要挥动得不快不慢、得心应手，那才是至妙的境地。但这种境地，我无法传给我的儿子，我的儿子也无法从我这里学到。所以我现在七十岁了，还要亲自造轮。圣人所说的话也一样，事实真相说不出来，已被圣人带到坟墓里去了，所剩下的只是一些糟粕罢了。”

这段话的意思是说，真实的东西，语言文字是无法表达的。反过来说，可以用语言文字表达的，那就不是真实的东西。所以老子说：“道可道，非常道；名可名，非常名。”苏东坡在《日喻》一文中，对这个道理有一个很精辟的譬喻。他说：“有一个天生的瞎子没见过太阳，就问人家太阳是什么样子。有人告诉他说太阳的形状就跟铜盘一样，他敲敲铜盘而晓得了它的声音，后来有一天他听到了钟声，就认为那是太阳的声音。又有人告诉他太阳的光就跟蜡烛的光一样，他摸摸蜡烛了解了它的形状，后来有一天他摸到一根短笛，就认为那是太阳。”太阳是有形的，人人可以看到，但经过用语言解说给没有见过的人听，结果却由铜盘错成钟，由蜡烛错成笛子。道是抽象的，任何人都没有见过，比太阳要难知道得多，如果要透过语言的解说，那还不知道要错成什么样子呢！

“无，名天地之始；有，名万物之母。”这两句话的意思是说，天地的源始是“无”，万物的源始是“有”。“始”和“母”的意思相同，是根源的意思。这是《老子》书中的常用语，其他如“门”、“根”、“宗”、“本”意思都一样。这里的问题是，“无”和“有”，“天地”和“万物”究竟有什么关系。“无”是道的本体，“有”是道的作用。两者虽各为道的一面，但老子说：“天下万物生于有，有生于无。”（四十章）可见“无”的层次要较“有”为高。老子又说：“天地不仁，以万物为刍狗。”又说：“昔之得一者，天得一以清，地得一以宁，……万物得一以生。”可见天地比万物的层次也较高。它们之间的次序是，无—有—天地—万物。这两句话以前都读成“无名，天地之始；有名，万物之母”。直到司马光、王安石、苏轼才读为“无，名天地之始；有，名万物之母。”细细寻思文意，以“无名”、“有名”对读，虽也可通，但究竟不如以“无”、“有”对读文章较为顺畅。

“故常无，欲以观其妙；常有，欲以观其徼。”“常无”，是说常以天地的本始为无。“常有”，是说以万物的根源为有。两句的“其”字都是指道。“妙”，精微奥妙的意思。“徼”，王弼解为“归终”，引申有广大无际的意思。这两句的意思是说，常以天地的源始为无，是为了要观照道体的精微奥妙；常以万物的根本为有，是为了要观照道用的广大无边。这两句也有读成“常无欲，以观其妙；常有欲，以观其徼。”但（一）老子反对欲，怎么教人“常有欲”呢？（二）“常有欲”又如何能够“观其徼”？（三）本章在叙述道体（无）和道用（有），所以下句“此两者”同出而异名，就是指的无和有，如果这两句读为“常无欲”、“常有欲”，下句的“此两者”当然是指“常无欲”和“常有欲”；但“常无欲”、“常有欲”怎么会是“同出而异名”？又怎么会是“同谓之玄”？由此看来，还是以读成“常无”、“常有”较佳。

“此两者，同出而异名，同谓之玄。”“此两者”指“无”和“有”，上文已说过，“无”是道的本体，“有”是道的作用，各是道的一面，只是名称不同而已，所以说是“同出而异名”。“同出”是指同出于道。由于“无”和“有”都是抽象的，并非有形的物体，但却能创生出有形的天地万物，所以说“同谓之玄”。

“玄之又玄，众妙之门。”“玄”字本来的意思是小，引申而有精微玄妙的意思。“玄之又玄”，指精微玄妙的极处。“玄”指“无”和“有”，“玄之又玄”，指“无”和“有”的尽头，那当然是指“道”而言。而“道”是万物万理的出处，所以说是“众妙之门”。

【说明】

本章在说明“道”的体和用。老子首先教人不要执着语言和名相，以免走入迷途。他说宇宙的本体是“无”，由“无”而生天地，由天地而生万物，终于形成了万象纷纭的世界，这和自然科学上所讲的天地万物的形成，其前因后果，大致相同。然后他又从万象纷纭的世界，往上推到本源的“无”和“有”，再从“无”和“有”上推到宇宙的本源——道。

在老子的思想体系里，“道”当然是最重要的了。它不仅是天地万物的根源，也是天地万物生长变化的法则，更是天地万物最后的归宿。因此，无论我们把老子哲学分成多少部分，如宇宙论、人生论、修养论、知识论、政治论等，道都是各部分的最高指导原则。本章虽没有直接说到道，但却介绍了道的体和用，那就是“无”和“有”。“无”和“有”各是道的一面，“无”是道的本体，“有”是道的作用。“无”虽是天地之始，“有”虽是万物之母，但它们并不是有形的物体，而只是概念而已。就层次上说，“无”的层次要比“有”为高，因为四十一章说：“天下万物生于有，有生于无。”至于第二章的“有无相生”，只是说“有”和“无”两个概念是相对而生的，这和层次毫无关系，不可混为一谈。

第二章

天下皆知美之为美，斯恶已；皆知善之为善，斯不善已。故有无相生，难易相成，长短相较，高下相倾，音声相和，前后相随。是以圣人处无为之事，行不言之教。万物作焉而不辞，生而不有，为而不恃，功成而不居。夫唯不居，是以不去。

【译意】

道体超出于万物之上，是绝对的，也是浑朴无名的。所以既没有美丑，也没有善恶。人们在这种情况下，不识不知，质朴纯真，一切顺从自然，没有爱憎，没有纷争。及至道体分裂，“朴散为器”（二十八章），一切美丑、善恶等相对之名也因而产生。但当天下人都知道美和善的时候，必定喜爱美而厌恶丑，趋向善而逃避恶。于是竞争产生，诈伪兴起，那反而不美、不善了。其他如有和无也相对而产生，难和易也相对而形成，长和短也相对而显出，高和下也相对而显现，音和声也相对而应和，前和后也相对而成序。所有这些相对的概念，都由对待的关系而产生，正如美和丑、善和恶一样，当这些相对的概念产生以后，人们便都趋向于自认为好的、有利的；而逃避自认为坏的、有害的。于是，人世间从此就扰攘不安了。只有体道的圣人，能够紧紧抱守绝对的“道”，超越一切相对的“名”，一切顺应自然，以“无为”的态度来处事，用“不言”的方法来施教。任万物自然生长变化，而默不作声；生长了万物，却不据为己有；作育了万物，却不自恃其能；成就了万物，却不自居其功。正由于他不自居其功，反而得到万物的尊敬爱戴，结果他的功绩却能够永垂不朽。

【解析】

“天下皆知美之为美，斯恶已；皆知善之为善，斯不善已。”“天下”，指天下之人。“斯”，则、就的意思。“已”，相当于“矣”。“道”是宇宙的本源，它是超越万物，超越时空而存在的，所以它是绝对的。正因为“道”是绝对的，所以无所谓美丑，无所谓善恶。换句话说，道是至真、至善、至美的，不容许我们去分解它；但人们往往都有偏见，自私自利，用他们的私智，把道一剖再剖，于是将浑朴的道体凿碎了，而一切对待的概念也从而产生了。当大家都知道什么是美丑，什么是善恶以后，一定都争美弃丑，向善背恶，于是纷争迭起，诡诈丛生，世界从此扰攘不宁，那不是反而坏了，反而不好了吗？

"有无相生，……前后相随。""有"、"无"，这里只是指两个相对的概念——"有"和"没有"，与第一章"无，名天地之始；有，名万物之母"的"有"、"无"，一指道体，一指道用，意思完全不同。"相生"，相对而生的意思。"相倾"，相比的意思。"音声"，就是音响，响是回声。有无、难易、长短、高下、音声、前后，都是相对词，《老子》书中的相对词特别多，除了这些以外，还有：虚实、强弱、外内、开阖、去取、宠辱、得失、清浊、敝新、唯阿、昭昏、察闷、全曲、直枉、多少、大小、轻重、静躁、雄雌、行随、歔吹、白黑、吉凶、张歙、兴废、与夺、刚柔、厚薄、贵贱、进退、阴阳、损益、寒热、生死、亲疏、利害、祸福、正奇、善夭、智愚、牝牡。所有这些对待的概念都是在浑朴的道体分裂之后才产生的，但既然已经产生了，那已是无可如何的事。

老子只有教人认清这些相对的概念，只有在比较之下才能产生，也就是说，只有在某一个时间、某一个空间限度下，才能产生，如果从更高的角度或另一个角度来看时，这些分别或者根本不存在，或者有其相通互济的地方。所谓"以道观之，物无贵贱；以物观之，自贵而相贱，以俗观之，贵贱不在己"(《庄子·秋水》)，就是这个意思了。例如昼和夜，在台湾是昼的时候，在美洲刚好是夜，这就是空间的限制。民国以前，满族是异族，民国以后，同是中华民族，这就是时间的限制。明了这个道理，那么我们对于一切相对的事物，如无和有，难和易，长和短，高和下，音和声，前和后等，都要淡然处之，不要庸人自扰才好。

“是以圣人处无为之事，行不言之教。”“圣人”，是道家理想中的人物，他与道同体，纯任自然，谦下不争，无为无欲，和儒家理想中有为有欲的圣人完全不同，不可混为一谈。“无为”，是不自私、不任意，一切依循自然而为的意思。并非一点事不做，只是如天地创生万物，顺乎万物生生的本性罢了。因为任意妄作的结果，不仅破坏自然，还要造成人祸。例如大禹的父亲鲧治水，不顺水性，四面围堵，治了九年而水患不息。后来禹来治理，排导宣泄，一举而水患绝迹，就是能顺着水性的关系。“不言”，本来的意思是不说话，引申有不立声教法令的意思。我们看天并没有讲话，而四时运行不已，万物生长不息。春秋时候，鲁国有一个叫做王骀的人，只有一条腿，鲁国跟从他学习的人和跟随孔子学习的人一样多。王骀既不教诲，也不议论，可是跟他学习的人，每天空虚地去，却非常充实地回来（《庄子·德充符》），这就是“不言之教”的最好说明。这两句是说世俗之人多执着于相对的名，自陷于纷扰之境。只有圣人能够与道同体，一切顺从自然而行。

“万物作焉而不辞，生而不有，为而不恃，功成而不居。”“作”，兴起、生长的意思。“辞”，动词，言说的意思。“不辞”应上文“不言之教”。“不有”，不占有的意思。“恃”，赖的意思。“不恃”，不依恃其能。“不居”，不居其功。这四句的意思是说，圣人无私无欲，生长了万物，却不据为己有，明明有功，却不居其功。

“夫唯不居，是以不去。”“唯”，因为的意思。“不去”，不消失，也就是长存的意思。圣人不居其功，结果他的功劳反而能够长存不朽。这就有如天地无私，生长万物，万物莫不感恩戴德的情形一样。二十二章说：“不自伐，故有功。”正是这个道理。春秋时，晋文公的臣子介之推不夸已功，不提官禄，隐居而终，结果名垂青史。光武中兴，群臣争功不已，只有冯异独自站在大树下，一言不发。后人尊为“大树将军”，传为美谈。这些都是不居其功，其功不去的最佳例证。

【说明】

本章在说明相对的概念皆由相比较而得，世人不可妄分是非，强别善恶，以免自陷纷扰。并揭示圣人无为而治、不言而教，一切顺应自然的作法，以作为模范，使人有一个遵行的准则。宓子贱治单父，每天只弹弹琴，连大堂都不下，结果单父治得非常好。这可以说是无为而治的最好例子了。

第三章

不尚贤，使民不争；不贵难得之货，使民不为盗；不见（xiàn）可欲，使民心不乱。是以圣人之治，虚其心，实其腹，弱其志，强其骨。常使民无知无欲，使夫智者不敢为也。为无为，则无不治。

【译意】

贤人，是人人都想做的；贤名，是人人都要享的。崇尚贤人，则人人竞争；崇尚贤名，则人人倾轧。如果在上位的人不崇尚贤人、贤名，人民没有争逐的对象，竞争、倾轧当然就随之而停止了。金银珍宝等都是难得的财货，也是人人争逐的对象，而盗贼之所以产生，大都是为了要获得这些难得的财货，如果在上位的人不重视这些难得的货物，不搜刮聚敛，人民自然不去逐取，也不至于沦为盗匪了。所谓“上有好者，下必有甚焉者矣”（《孟子·滕文公上》）。如果在上位的人无所嗜好，人民自然就不争了。

人之所以好名利，因为名利可欲的缘故。如果在上位的人不显示名利有什么可欲，那么，人民的意不会迷，心也不会乱了。所以体道的圣人治理国家，必先从治身做起，使每一个人心志空虚，不知不识，浑浑沌沌；使每个人腹饱体健，无欲无求。在这种情况下，纵使有智巧的人，也没有办法用其伎俩了。这样顺其自然无私无我的治理，国家就没有什么治理不好的了。

【解析】

“不尚贤，使民不争。”“贤”，指贤名，兼指世俗所谓的贤人。老子并不反对实质上的贤，他曾说：“是以圣人为而不恃，功成而不处，其不欲见贤。”（七十七章）只是反对贤名和世俗所谓的贤人罢了。因为贤名和世俗所谓的贤人，不仅无益于国，而且会引起众人的争逐，弄得社会扰攘不宁。

“不贵难得之货，使民不为盗。”“难得之货”，指金银珍宝等财货。这些东西，饿了不能吃，冷了不能穿，本身并没有什么价值，只是由于人的重视，才身价百倍，使得人人贪得，个个争取。甚至窃盗抢夺，也在所不惜。真是“难得之货，令人行妨”（十二章）。由此看来，这些“难得之货”，岂不是造成窃盗的根源？如果在上位的人不重视它，人人都把它看作粪土，大家要都不想要，谁还会窃盗呢？这就是老子主张“不贵难得之货”的原因。

“不见可欲，使民心不乱。”这句是总括上文“贤”、“货”而言，所以“可欲”，兼指上文的名和利。“见”，显现的意思。人之所以好名好利，是因为名利的可欲，如果在上位的人不显示名利有什么可欲，人民的贪心自然不会产生，而也不至于迷乱了。

“虚其心，实其腹，弱其志，强其骨。”心和志是智力巧诈发源的地方，而智力巧诡是圣人治国的绊脚石。十八章说：“智慧出，有大伪。”六十五章说：“民之难治，以其智多。”即其证明。老子主张“虚其心”、“弱其志”即在使人民无知无识，返璞归真。“骨”、“腹”，皆指生理。“实其腹”、“强其骨”，在使人民无求无欲，简单朴实。在这种情形下，人民才能“甘其食，美其服，安其居，乐其俗。”（八十章）达到道家理想的生活境地。

“常使民无知无欲，使夫智者不敢为也。为无为，则无不治。”“无为”的基础在于“无欲”和“无知”。人民既已“无知”、“无欲”，回复到浑沌的境地，那么，在上位的人就可以顺应自然以“无为”为治了。这时纵使有聪明智慧的人出来，也不敢有所作为了。

【说明】

本章可说是老子的政治论。他反对尚贤，反对重视财货。主张虚心实腹，弱志强骨，以使民无知无欲，归真返朴，以达到“无为而治”的目的。

第四章

道冲，而用之或不盈。渊兮似万物之宗。挫其锐，解其纷，和其光，同其尘，湛兮似或存。吾不知谁之子，象帝之先。

【译意】

“无”为道体，所以道体是虚无的；但道的作用却无穷无尽，永不止息。道体微妙玄通，深不可识，又能创生万物，所以可说是万物的本源。它不露锋芒，消除纷扰，隐藏光芒，混同尘俗。它虽隐没无形，却能生化万物，则是真实而不虚，似乎自古而存在。我不知道它是从哪里产生的，但是它能创生天地，当然该在天帝之前就有的了。

【解析】

“道冲，而用之或不盈。”“冲”，空虚的意思。“盈”，穷尽的意思。道以“无”为体，“视之不见，听之不闻，搏之不得。”（十四章）所以说“道冲”。道能创生天地万物，并且永不止息，它的作用真是无穷无尽。四十五章说：“大盈若冲，其用不穷。”和这句的意思相同。道体不能是实在的，因为如果是实在的必有用尽的一天，唯有是空虚的才能用之不尽。这就犹如煽火的风箱，打气的气筒一样，中间空虚，才能“动而愈出”（五章）。

“渊兮似万物之宗。”“渊”，深的意思。“宗”，和始、母、门等的意思相同，根本的意思。道能创生天地万物，所以说是“万物之宗”。

“挫其锐，解其纷，和其光，同其尘。”道“生而不有，为而不恃”（二章）。这是“挫其锐”；自然无为、虚静无私，这是“解其纷”；“光而不耀”（五十八章），这是“和其光”；“大白若辱”（四十一章），这是“同其尘”。

“湛兮似或存”。“湛”，隐没的意思。道虽隐没无形、看不见、听不到、摸不着，但确实是存在的。所以说：“湛兮似或存。”

“吾不知谁之子，象帝之先。”“子”是被生的，“母”是创生体。道是万物之母，而不是任何东西的子。所以说：“吾不知谁之子。”“帝”指天帝。《庄子·大宗师》说：“道自己是自己的本，自己是自己的根。在没有天地之前，就已经存在了。创造了鬼，创造了帝，生出了天，生出了地。”也就是说“道”并不是任何东西所创造的，但却是所有一切的创造者。

【说明】

本章是讲道的体和用。讲道体，它是万物之宗，神鬼天地，无不自其中生出；讲道用，它取之不尽，用之不竭，道实在是一个奥妙的东西。

第五章

天地不仁，以万物为刍狗；圣人不仁，以百姓为刍狗。天地之间，其犹橐籥（tuó yuè）乎。虚而不屈，动而愈出。多言数穷，不如守中（chōng）。

【译意】

天地是大公无私的，对万物一视同仁，把万物当做草扎的狗一样，没有喜爱，也没有憎恨；圣人也是大公无私的，对百姓一视同仁，把百姓当做草扎的狗一样，没有喜爱，也没有憎恨。天地之间，就好像打铁时用来煽火的风箱一样。风箱中间虽是空虚的，但正因为其中廓然空虚，所以才能够生化万物，养育万类，并且这万物万类，滋生繁衍，愈衍愈多。由此可以得到一启示：多所作为，多所设施，反而招致错误、失败，还不如抱守清虚，无为不言来得好。

【解析】

“天地不仁，以万物为刍狗；圣人不仁，以百姓为刍狗。”“仁”，是儒家思想的中心，是修养的最高境界；但在老子的思想体系中，并未占有重要地位。三十八章说：“失道而后德，失德而后仁。”仁排在道和德之后，仅占第三等而已。仁者必设施教之，有恩有为；但老子主张因任自然，无为不言，当然反对仁了。所以本章的“仁”字，引申有偏私的意思。“不仁”，就是大公无私了。“刍狗”，是用草扎成的狗，祭祀的时候装饰漂亮然后献上，用完以后就丢掉，毫不爱惜。天地对于万物，也是如此，一视同仁，无爱无憎，任凭万物自然发展，以保全其本性。所以说：“以万物为刍狗。”圣人治政，也是如此，不造不设，以顺遂人民的天性。其实，这从表面上看来是不仁，实际上却是大仁。就好像做父母的对孩子不闻不问，不打不骂，看起来好像不爱孩子，实际上却是非常的爱，因为这样，孩子能自由发展，充分地发挥本能啊！

“天地之间，其犹橐籥乎。虚而不屈，动而愈出。”“橐籥”，是铸铁时吹风煽火的风箱。“不屈”，无穷的意思。风箱内容空虚，却能生风不已。天地之间，也是廓然空虚，却能生化万物，愈衍愈多，无穷无尽。

“多言数穷，不如守中。”“言”和二章“行不言之教”的“言”意思相同，指声教法令。“数”，速的意思。“穷”，穷困，引申有失败的意思。“中”就是“冲”，虚的意思。这两句的意思是说，有为多言，往往导致错误失败，还不如抱守清虚，无为不言的好。

【说明】

本章是说大道创生万物，纯任自然，无偏无私。国君治政，也应该效法这种精神，无为不言，与民相安，社会自然安宁。秦王暴政，民怨沸腾，高祖仅仅约法三章，而人民爱戴不已，就是最好的证明。

第六章

谷神不死，是谓玄牝（pìn）。玄牝之门，是谓天地根。绵绵若存，用之不勤。

【译意】

道体是空虚的，它的创生能力却是神奇莫测的，而它又是永远存在的，道具有这三种特性，真可以说是玄妙的创生体了。天地万物都是从其中变化出来的，所以这个玄妙创生体的大门，就是天地万物的本根。它虽幽微，但创生能力却绵绵不绝，它虽没有形体，但确实是存在的。它这种创生作用，真是无穷无尽，愈动愈出。

【解析】

“谷神不死，是谓玄牝。”“谷”，本指山谷，这里用来比喻道体的空虚。“神”，形容道体创生能力的神奇。“不死”，有生命的东西都要死亡，道是没有生命的，所以常存而不死。“谷”、“神”、“不死”三个词，都是形容道体的，也可以说都是道的属性。这三个词，是三个意思，要分开来读，不能连读。“牝”的意思相当于“母”，它的作用在于创生，所以可称为创生体。但所有的“牝”、“母”，创生一段时期，创生的能力就要停止，只有道，它这种能力永不停止，所以称为“玄牝”。“玄牝”，就是玄妙的创生体。

“绵绵若存，用之不勤。”“绵绵”，是微而不绝的意思。道体虽存在，却是空虚的，不可闻、不可见、不可得，所以说“若存”。“勤”，是穷尽的意思。道体虽虚无，它的作用却无穷无尽，所以说：“用之不勤。”

【说明】

本章在说明道的本体和作用。道体是虚无，道用是创生，正因为道体虚无，才能永存不死，而它的作用也才能无穷无尽。如果是有生命的，就必定会死亡；如果是实体，就必定有时而尽了。一般人都把道体说成是“有物”，以为这样说就能把老子的道说得更清楚、更实在，殊不知这样一来，就把道说“死”了，它的本体就难以涵盖一切，它的作用就难以无穷无尽了。

第七章

天长地久。天地所以能长且久者，以其不自生，故能长生。是以圣人后其身而身先，外其身而身存。非以其无私耶？故能成其私。

【译意】

道体永恒，道用无穷。人们也许由于道体空虚，看不到、摸不着，而对这个说法难以接受。天地是道所创生的，是看得到、摸得着的，用天地来说明，人们也就可以由此而上推到道了。天地是永恒而无穷的。天地之所以能够永恒而无穷，是因为它们无私的关系。它们生长万物，只是为了生长而生长，换一句话说，只是为了服务罢了。体道的圣人明白了这个道理，所以处处谦虚退让，结果反而得到人家的爱戴；事事不计较利害得失，舍己为人，结果反而身受其益。这不正是因为他不自私的关系吗？结果反而成全了自己。

【解析】

“不自生”，就是不为自己而生，也就是“无私”的意思。天地创造万物，毫无私心，结果天地永恒而无穷；而人处处都在营私，事事都为了自己，结果人生短暂而渺小。要想人生长久、永恒，必须效法天道。我们看历史上的伟人，如释迦、基督、孔子，他们之所以能够死而不死，永恒存在，不正是因为他们毫无私心，舍己为人吗?

“后其身而身先，外其身而身存。”“后其身”、“外其身”都是谦让不争的表现，而其基础则在于无私。“后其身”、“外其身”的结果，是“身先”、“身存”，这就是儒家所谓的“谦受益”了。八十一章说:“既以为人己愈有，既以与人己愈多。”就是这个道理。

“非以其无私耶? 故能成其私。”“无私”指上文的“后其身”和“外其身”，“成其私”指上文的“身先”和“身存”。“无私”反而能“成其私”，这话看起来很矛盾，实际上一点也不错。须知道任何一个声音必定有回响，任何一个作用力，必定产生反作用力。我打桌子一下，桌子一定在同时反打我一下，这是自然界的情形。人世间的事情也是如此。谚语说:“我为人人，人人为我。”孟子说:“爱人者，人恒爱之；敬人者，人恒敬之。”(《孟子·离娄下》)都是这个道理。要紧的是，当我们在“为人”、“爱人”、“敬人”的时候，可不能存着希望别人“为我”、“爱我”、“敬我”的心理，否则，那是最大的自私，哪里还谈得上无私呢？

【说明】

本章在说明“无私”的益处。从天地的不自生而能长生，下推到圣人效法天地的无私，而能成其私。在要人铲除利己之心，以立人达人，成人成物。孔子“毋我”，老子“无私”，在这一点上，孔老是相通的。由此也可以知道伟人事业的共同基础何在了。

第八章

上善若水。水善利万物而不争，处众人之所恶，故几于道。居善地，心善渊，与善仁，言善信，正善治，事善能，动善时。夫唯不争，故无尤。

【译意】

有道德的人，就像水一样。水有三种特性，第一是能够滋养万物，第二是本性柔弱，顺自然而不争，第三是蓄居流注于人人所厌恶的卑下的地方。有这三大特性，所以水是很接近道了。水处于卑下的地方，有道德的人为人谦下。水渊深清明，有道德的人虚静沉默。水施与万物，有道德的人也是博施而不望报。水照万物，各如其形，诚实不妄，有道德的人所言所说，也都出自至诚，绝不虚伪。水能滋养万物，清除污垢而有绩效，有道德的人清静无为而人民自然归于纯朴，也有绩效。水性柔弱，能方能圆，表现很好的功能，有道德的人施教立化，毫无私心，也能产生教化的功能。以上都是有道德的人像水的情形；但其中以“不争”最为重要。正因为不争，所以不会招致怨尤。

【解析】

“上善若水。”“上善”，指上德之人，也就是有道德的人。老子在自然界中最重视水，在人中最重视婴儿，所以常用水和婴儿来比喻道。水性柔弱不争，婴儿柔弱纯朴，这些特性正是道的最重要的特性。

“水善利万物而不争，处众人之所恶，故几于道。”“利万物”，指水滋养万物的功用。水性居下，而低下是人人所厌恶的，所以说：“处众人之所恶。”“几”，近的意思。“利万物”、“不争”、“处众人之所恶”，是水的三大特性。水有这三大特性，所以能近于道。

“居善地，心善渊，与善仁，言善信，正善治，事善能，动善时。”这七句表面上是叙述水性，实际上是比喻“上善”的德。“善地”指卑下的地方。卑下的地方人人厌恶，但确实是最好的地方。江海居下，所以能成为“百谷王”，高也要以低下为基础，才能稳固。有德之人谦下退让，这和水“居善地”相同。“渊”，深的意思。水性空虚，渊深清明，有德之人心虚静沉寂，这和水的“心善渊”相同。“与”，施与的意思。水施与万物而无私心，所以称“善仁”。有德之士也是施恩而不望报，这和水的“与善仁”相同。“信”，诚信的意思。水并不言，但水能照人，功用相同于言。水照人时，美丑妍媸，各如其形，这就是“信”。有德之人，所说的话都真实不虚，这和水的“言善信”相同。“正”就是“政”，动词，治理的意思。“治”，指治绩。水滋养万物，清除污垢而有绩效。有德之人无为而民化，虚静而民正，无事而民富，无欲而民朴（五十七章），这和水的“正善治”相同。“能”，功能的意思。水能方能圆，曲直随形，表现至善的功能。有德之人顺应自然，无私无欲，而能化育。这和水的“事善能”相同。“时”，时势的意思。水的动静变化，都能顺应时势。有德之人一切行动都能与时推移，随俗成化。这和水的“动善时”相同。这七句有关于水的形容，实际上就是前面水的三大特性的具体说明。前面二句是说“处众人之所恶”，中间四句是说“利万物”，最末一句是说“不争”。

“夫唯不争，故无尤。”“尤”，怨尤的意思。一切怨尤都是产自于利害争执，而一切争执都是肇因于私心。项羽看到秦始皇的车驾，说：“我可以取而代之。”刘邦看到秦始皇的车驾，说：“大丈夫应当如此。”于是楚汉相争了多少年，弄得生灵涂炭。没有私心就不会有争执，没有争执，哪里来的怨尤？孙中山听说袁世凯要当总统，为了息争，就把位置让给了他。这是何等气魄，多么大公无私！水的特性有很多，本章结尾特别提出“不争”，实在是很有深意的。

【说明】

本章借“水”来比喻“道”。水有“利万物”、“不争”、“就下”三大特性，而特别着重于“不争”，因为“不争”是“利万物”和“就下”的基础。人能效法水的不争，就能产生“利万物”，谦下的效果。真能如此，那也可以算是近于道了。

第九章

持而盈之，不如其已；揣而锐之，不可长保。金玉满堂，莫之能守；富贵而骄，自遗其咎。功遂，身退，天之道。

【译意】

一个人内心要知足知止，待人接物要谦虚退让。就以水为例，盛在任何器皿里，都不能太满，太满了就要溢出来，所以在满以前，就要赶快停止，不能继续增加。再以刀锥等器具为例，能用就行了，如果磨得太锐利，锋芒太露，就会折断。一个人金银财宝太多了，既会遭到别人的觊觎，自己也会因而生活糜烂，最后反而不能保住这些财宝。所以一个人富贵了以后，应该谦虚退让，韬光养晦，如果不这样，反而自我炫耀，以此骄人，那就要自招祸患了。必须知道上天生万物，也是“生而不有，为而不恃，功成而不居”。所以人在功成以后，就急流勇退，这才合于自然的道理。

【解析】

“持而盈之，不如其已；揣而锐之，不可长保。”“持”，持守的意思。“盈”，满的意思。“已”就是停止。“揣”，捶击的意思。前两句是以水为喻，水过满则倾溢；后二句以器具为喻，器太锐则折断，以说明人不能自满自骄，太露锋芒。日盈则昃，月满则亏，这是自然界的现象；骄者必败，傲者必亡，这是人世间的常情。项羽百战百胜，轻用其锋，落得乌江自刎；苻坚投鞭断流，骄态毕露，终于淝水败亡。这些都是最好的例证。西洋人说：“上帝使人灭亡，必先使其疯狂。”可见这个道理，古今中外都相同。

“富贵而骄，自遗其咎。”“咎”，灾祸的意思。夷吾（晋惠公）傲惰，失掉国家；石崇斗富，遭到灭族。这就是“富贵而骄，自遗其咎”的道理。

“功遂，身退，天之道。”“遂”，成的意思。天生万物，“为而不恃，功成而不居。”（二章）人能功成身退，则合于天道，自然能够保身安家，常享其乐，否则就可能大祸临头。所谓“狡兔死，走狗烹；飞鸟尽，良弓藏”就是这个道理。试看范蠡助勾践复国，张良助刘邦立汉，事成后就引身而退，终能安度余年；而文种、韩信，贪恋利禄，终遭杀戮，不就是最好的证明吗？

【说明】

本章在说明自满自傲的害处，要人谦虚退让，效法天道，功成不居，以保长久安乐。《易经》六十四卦，有六十三卦六根爻并不全好，即使乾卦，上九爻还“亢龙有悔”。但只有谦卦，六爻无一不佳，这真是耐人寻味啊！

第十章

载营魄抱一，能无离乎？专气致柔，能婴儿乎？涤除玄览，能无疵乎？爱国治民，能无知乎？天门开阖，能为雌乎？明白四达，能无为乎？生之畜之。生而不有，为而不恃，长而不宰，是谓玄德。

【译意】

心中紧守着道，能不离开吗？听任生理的本能，导致柔弱，能像婴儿一样吗？摒除心智的作用，能够没有一点瑕疵吗？爱护国家，治理人民，能够不用智巧吗？耳目口鼻等感官的一开一阖，能安静谨慎吗？心中虽然明达四方，能够无所作为吗？人们一切都应该效法道。道生长万物，作育万物，但生长万物却不据为己有，作育万物却不夸耀其能，长养万物却不主宰它们。这可称为精微玄妙之德了。

【解析】

“载营魄抱一，能无离乎。”“载”，抱守的意思。“营魄”，就是魂魄。“一”，在《老子》书中，是一个很特殊的名词，指道。二十二章说：“是以圣人抱一为天下式。”三十九章说：“天得一以清，地得一以宁。”“一”都是指的道。

“专气致柔，能婴儿乎？”“气”，指生理的本能。“专气”，是说听任生理的本能，而不加以控制。“柔”，柔弱的意思。老子非常重视柔弱，他认为柔弱是道的作用，柔弱能胜刚强，柔弱才能生，刚强反而会死。“婴儿”，婴儿具备纯朴、无知、柔弱等特性，所以《老子》书中常常用来作比喻。如二十章：“我独泊兮其未兆，如婴儿之未孩。”二十八章：“常德不离，复归于婴儿。”五十五章：“含德之厚，比于赤子。”这里用来比喻柔弱。

“涤除玄览，能无疵乎。”“玄览”，指心。因为心体玄妙，能览知万事，所以称为“玄览”。一切智慧、欲望，都从心上产生，而这些都是老子所反对的，所以老子主张洗清心体，使心体清明而毫无瑕疵。

“爱国治民，能无知乎。”“知”，与“智”同。老子反对用智慧治理国家。六十五章说：“故以智治国，国之贼；不以智治国，国之福。”

“天门开阖，能为雌乎。”“天门”，指耳目口鼻等感官。耳是声的门，目是色的门，口是饮食言语的门，鼻是臭（气味）的门，而这些都是天所赋予，所以称为“天门”。“雌”，喻安静柔弱。“为雌”，王弼本原作“无雌”，意思很不通畅，《帛书老子》隶本作“为雌”，所以就依据《帛书老子》隶本改作“为雌”。

“长而不宰。”“宰”，动词，主的意思。“不宰”，就是三十四章“不为主”的意思。

【说明】

本章在说明修身治世的道理。修身、治世，事虽不同，而理实相通。都要顺其自然，以保全本性；谦下柔弱，以消除横逆。如果胡作妄为，逞强争胜，那就要身死国亡了。

第十一章

三十辐，共一毂（gǔ），当其无，有车之用。埏（yán）埴以为器，当其无，有器之用。凿户牖以为室，当其无，有室之用。故有之以为利，无之以为用。

【译意】

世界上只知道“有”的用处，而不知道“无”的用处。事实上，“无”的用处比“有”要大得多。以车为例，车轮上的三十根辐，都汇集在车毂上，因为车毂空虚，承受了三十根车辐，车才能产生乘坐的作用。再以器具为例，糅合陶土，做成各种器具，因为器具中间空虚，才能产生盛物的作用。再以房屋为例，开凿门窗，造成房屋，因为房屋中间空虚，才能产生居住的作用。由此可知，“有”（实体）之所以能够给人便利，端赖“无”（空虚）发挥它的作用。

【解析】

“三十辐，共一毂，当其无，有车之用。”“辐”，车轮中的直木，现在自行车上叫“钢丝”。一月有三十天，古代车辐取法月数，所以用三十根。“毂”，车轮中心的圆木，四周安插车辐，中间空虚，以便放车辐。“其”指车毂。“无”，指毂中的空虚。因为毂中空虚，能安插车辐，放置车轴，车才能发生作用。所以说：“当其无，有车之用。”

“埏埴以为器。”“埏”，合的意思。“埴”就是黏土。“埏埴”，就是糅合黏土的意思。

“凿户牖以为室。”“户牖”，指门窗。

“故有之以为利，无之以为用。”“有”指车、器、室，“无”指毂、器、室的中空的地方。两个“之”字都是语中助词，没有意思。就形而上的“道”而言，“无”是体，“有”是用；就形而下的“器”而言，“无”是本，“有”是末。“有”所以能利人，皆有赖于“无”发挥作用。第五章说天地之间像一座风箱，万物在其中生长不已，繁衍不绝，也是在强调“无”的重要。试问器皿中没有空间，如何能盛物？车中没有空间，如何能载人？屋中没有空间，如何能住人？引申而言，天地之间没有空间，如何能生长万物？一般人只知道“有”的利益，不知道“无”的作用，所以老子特发明这个道理，以使人领悟无形的大道的作用。

【说明】

本章用在三个具体的例子，说明“无”的妙用。而有形的天地万物，都是从无形的道创生而出。由此可知道虽无形无象，而其作用则奥妙无穷。而正因为道体虚无，才能有无穷妙用，若为实有，即使有用，也就非常有限了。

第十二章

五色令人目盲；五音令人耳聋；五味令人口爽。驰骋畋猎，令人心发狂；难得之货，令人行妨。是以圣人为腹不为目，故去彼取此。

【译意】

人的需要有限，而人的欲望则无穷。但过分追求欲望而不能节制，其结果不仅不能感到满足、舒适，并且适得其反，还要感到痛苦，甚至丧失自我。过分地追求色彩的享受，最后必定弄得视觉迟钝，视而不见；过分地追求声音的享受，最后必定弄得听觉不灵，听而不闻；过分地追求味道的享受，最后必定弄得味觉丧失，食而不知其味。过分地纵情于骑马打猎、追逐鸟兽，最后必定弄得心神不宁，神不守舍；过分地追求金银珍宝，最后必定弄得行伤德坏、身败名裂。所以体道的圣人，生活简单，只求填饱肚子，不求官能享受。宁取质朴宁静，不求奢侈浮华。

【解析】

“五色令人目盲。”“五色”，红、黄、蓝、白、黑，引申指多种颜色。“目盲”，视觉迟钝、视而不见的意思。因为过分追求视觉的享受，必至于眼花缭乱，不能辨别色彩的美丑，如此，岂不是和盲人一样。例如进了布店，看见色彩缤纷的布料，取舍之间，往往难下决定，就是明证。

“五音令人耳聋。”“五音”，宫、商、角、徵、羽，引申指多种音声。“耳聋”，听觉迟钝、听而不闻的意思。因为过分追求听觉的享受，必至于听觉麻木，不能辨别音声的美丑，如此，岂不是和聋子一样。据报载，美国一些从事摇滚乐的人，对声音的辨别能力很差，就是一大明证。

“五味令人口爽。”“五味”，酸、甜、苦、辣、咸，引申指多种美味。“爽”，亡失的意思。“口爽”，就是味觉迟钝，食而不知其味。因为过分追求味觉的享受，必至于味觉丧失，不能辨别食物的美丑。例如晋人何曾日食万钱，还要说没有下筷子的地方，就是一个明证。

“驰骋畋猎，令人心发狂。”“驰骋”，骑马的意思。“畋猎”，“畋”也是“猎”，都是打猎的意思。驰骋的目的就是畋猎，所以二者实在是一件事。古人以驰骋畋猎取乐，这里用来代替极乐的事。“心发狂”，就是心不守舍。过分纵情享乐，必至于使人吃睡难安，神不守舍。

"难得之货，令人行妨。""难得之货"，指金银珍宝。"妨"，伤害的意思。"行妨"，行为颓堕败伤。

"是以圣人为腹不为目，故去彼取此。""目"，包括耳、口、心、行四者。"为腹"，指满足身体的需要，"为目"，指满足心里的欲望。身体的需要简单，所谓"鷦鷯巢林，不过一枝；偃鼠饮河，不过满腹。"（《庄子·逍遥游》）不过饱食暖衣而已；心里的欲望无度，所谓"欲深溪壑"，永远难以满足。所以"为腹"是以物养己；"为目"就是以物役己了。"彼"指"为目"，"此"指"为腹"。人贪欲一起，则永难满足，必至于以身相殉。所以老子主张为腹、去目。去目才能去知去欲，为腹方能返璞归真。

【说明】

本章在说明欲海难填，不能去欲，必遭灭顶，也是在说明物质文明的两重性。物质文明的发达，在我们认为是进化，在老子看来却是退化。今天我们的物质生活比起二十年以前，不知道进步了多少倍，但人心却毫不满足，窃盗事件日渐增多，犯罪手法日渐升高，凶杀打斗日甚一日。由此看来，老子的话的确有道理。

第十三章

宠辱若惊，贵大患若身。何谓宠辱若惊？宠为上，辱为下，得之若惊，失之若惊，是谓宠辱若惊。何谓贵大患若身？吾所以有大患者，为吾有身，及吾无身，吾有何患？故贵以身为天下，若可寄天下；爱以身为天下，若可托天下。

【译意】

世人得失名利的心太重，所以得到荣宠和受到屈辱都身惊，畏惧大的祸患也因而身惊。为什么得到荣宠和受到屈辱都身惊呢？因为在世人的心目中，荣宠是高尚的，屈辱是低下的，得到荣宠就觉得高贵，受到屈辱就觉得丢人，所以得到也惊，失去也惊。为什么畏惧大的祸患也身惊呢？我们所以有大的祸患，那是因为我们常想到自己的关系，假如我们能忘了自己，我们还有什么祸患呢？所以，一个人愿意牺牲自己为天下人服务，就可以把天下交给他；喜欢牺牲自己为天下人服务，就可把天下托给他。

【解析】

“荣宠若惊，贵大患若身。”这两句是古语，老子引来加以剖析说明，并非老子自己的话。“宠”，光荣、尊宠的意思。“辱”是“宠”的相对词，羞辱、卑屈的意思。“若”，讲作“乃”，相当于口语的“就”，全章九个“若”字意思相同。“贵”，畏惧的意思。“若身”，则身惊。这两句的意思是说世人得宠和受辱则身惊，畏惧灾祸也身惊。

“宠为上，辱为下。”王弼本原只作“宠为下”一句，义极难通，今根据其他的本子改作“宠为上，辱为下”。意思是说世人都认为荣宠是好的，羞辱是坏的，所以才“宠辱若惊”。“上”、“下”就是尊卑、好坏的意思。

“吾所以有大患者，为吾有身，及吾无身，吾有何患。”“有身”，有我的意思。“及”，假设词，如、若的意思。一切宠辱祸福，都是因为“有我”而起，若能“无我”、“忘我”，就可以破一切相了。孔子“毋我”，也正是这个意思。我们看革命先烈，慷慨赴难，从容就义，前仆后继，毫不反顾，就是这种“无我”精神的表现。

“故贵以身为天下，若可寄天下；爱以身为天下，若可托天下。”“若”和“宠辱若惊”的“若”意思相同。“寄天下”就是下文的“托天下”，“寄”和“托”意思相同。人能为天下国家牺牲自己，才能把天下交给他，反之，如果处处自私，事事自利，这种人怎么能担负天下国家的任务，又如何能把天下国家托给他呢?

【说明】

本章是教人无私、忘我。若能置生死于度外，则一切宠辱祸福，都不足以动摇其心志了，那还何“惊”之有？全章可分四段。开头两句为第一段，是老子所引古人的话。自“何谓宠辱若惊”至“是谓宠辱若惊”为第二段，是解释“宠辱若惊”的。自“何谓贵大患若身”至“吾有何患”为第三段，是解释“贵大患若身”的。自“故贵”以下为第四段，是老子为上文所作的结语。

第十四章

视之不见名曰夷，听之不闻名曰希，抟（tuán）之不得名曰微。此三者不可致诘，故混而为一。其上不皦（jiǎo），其下不昧，绳绳不可名，复归于无物。是谓无状之状，无物之象，是谓惚恍。迎之不见其首，随之不见其后。执古之道，以御今之有。能知古始，是谓道纪。

【译意】

"道"是没有颜色、没有声音、没有形体的。没有颜色，所以看不见；没有声音，所以听不到；没有形体，所以摸不着。看不见叫做"夷"，听不到叫做"希"，摸不着叫做"微"。因为道无色、无声、无形，所以它是无法穷究的，而它是混沌一体的。它既不光亮，也不昏暗，它能绵绵不绝地创生万物，作用奇妙得不可名状，但它自己最后还是没有形体。这就叫做没有形状的形状，没有物象的物象。这叫做恍恍惚惚的状态。想迎着它，看不到它的头；想跟着它，又看不见它的尾。能够把握这亘古以来就存在的道，就可以控御现在的一切事物。能够知道原始的情形，这就可算是了解道的规律了。

【解析】

“视之不见名曰夷，听之不闻名曰希，抟之不得名曰微。”“抟”，用手团摸的意思。很多书错成“搏”字，“搏”是打击的意思。宋初有一个人叫陈抟，字希夷，就是取用本章的三个字。“夷”、“希”、“微”三个字都是形容道体的虚无。道不是形而下的“器”，它既无色，又无声，更无形，所以视之不见，听之不闻，抟之不得。总而言之，它是一切感官所不能把捉的，只有靠心灵去体悟。

“此三者不可致诘，故混而为一。”“三者”指夷、希、微。“诘”，诘问、追究的意思。第一章说：“道可道，非常道。”“道”既不可道，所以“不可致诘”，体道的方法，完全在心领神悟。“混而为一”，是说夷、希、微三者混而为一。

“其上不皦，其下不昧，绳绳不可名，复归于无物。”“上、下”合指道的全部。“皦”，光明的意思。“昧”，昏暗的意思。道若光明，则在昏暗中可以看到；道如昏暗，则在光明下可以看到。但道是无形的，所以说它既“不皦”，也“不昧”。“绳绳”，不绝的意思。“名”，动词，形容的意思。“无物”，不是说一无所有，只是说不具任何形象而实际存在罢了。

“是谓无状之状，无物之象，是谓惚恍。”道体隐微而难以知道，要说它没有，万物却由之而生；要说它有，又看不到它的形体。所以只好说它是“无状之状，无物之象”。“惚恍”，就是“恍惚”，颠倒来说，是为了押韵。“惚恍”是若有若无，不可辨认的意思。道非有非无，亦实亦虚，所以称为“惚恍”。

“迎之不见其首，随之不见其后。”两句是说道是超时空而存在的。就时间而言，它在天地之先就已产生，也不知何时才能消灭，实际上它是不生不灭、无始无终的。就空间而言，它是无处不在、无头无尾的。

“执古之道，以御今之有。能知古始，是谓道纪。”“执”，把握的意思。“古之道”，是说自古以来就存在的道。“御”，控驭的意思。“有”指一切具体事物。把握道体，就能控制万有，这就是所谓的执本御末，执简御繁。“古始”，就是上文的“古之道”。“道纪”，道的纲纪、道的规律。世间万事万物的变化，无不有其规律，所谓万变不离其宗。若能执本知要，则可以不变而应万变了。

【说明】

本章在说明道体的状态。道体虽不可见、不可闻、不可抟，而实际存在，并且超越时空而存在。这种情形虽不可思议，而道确为万事万物的根源。人如能把握这个道，便是掌握了万事万物的根源，再拿它来控御万事万物，就可收到以简御繁的妙用。

第十五章

古之善为道者，微妙玄通，深不可识。夫唯不可识，故强为之容。豫兮若冬涉川，犹兮若畏四邻，俨兮其若客，涣兮若冰之将释，敦兮其若朴，旷兮其若谷，混兮其若浊。孰能浊以静之徐清，孰能安以久动之徐生。保此道者不欲盈。夫唯不盈，故能蔽而不成。

【译意】

古时候得道的人，幽微、精妙、玄奥、通达，深远到使人无法认识。正因为人们无法认识，所以要勉强地把他描述一下。他立身行事，犹豫畏缩，不敢妄进，就好像冬天涉过大河一样；他谨慎戒惧，不敢乱作，就好像怕四邻窥视一样。他为人处世，庄重拘谨，就好像做客人一样。他修道养德，除情去欲，就好像冰块融化一样。他的本质敦厚朴实，就好像没有经过雕琢的素材一样。他的胸襟宽广、态度谦下，就好像幽深的山谷一样。他的表现浑沌愚昧，不露锋芒，就好像混浊的水一样。可是什么人能在混浊动荡中，安静下来而慢慢地清明？什么人能在长久安定虚静中，生动起来而慢慢地活泼？能够把握这个道理的人，他是不肯自满的。正因他不肯自满，所以能够隐蔽退藏，而不表现任何形象让人认识。

【解析】

“古之善为道者，微妙玄通，深不可识。”“善为道者”，就是有道之士。“道”，王弼本原作“士”，涉六十八章“古之善为士者”而误。《帛书老子》篆本和隶本皆作“道”，今据《帛书老子》改作“道”。“微妙”是形容有道之士体道之深。“玄通”是形容有道之士用道之妙。

“强为之容。”“强”，勉强的意思。“容”，形容描述的意思。道不可说，有道之士微妙玄通，和道一样难以说明，但又不能不说，所以只好勉强来形容一番。

“豫兮若冬涉川，犹兮若畏四邻。”“豫兮”，迟疑的样子，引申有谨慎戒惧的意思。“兮”，王弼本原作“焉”，下文各句都作“兮”，这句也应该作“兮”才对，现在依据河上公本改作“兮”。“冬涉川”，涉水要小心，冬天涉水更要小心，这里比喻极端的戒慎恐惧。“犹兮”，和上文“豫兮”的意思相同。“畏四邻”，四邻“十目所视，十手所指”，所以可畏。这两句是形容有道之士犹豫畏缩，不敢妄进，不敢妄为。

“俨兮其若客，涣兮若冰之将释。”“俨兮”和“俨然”同，庄重的样子。“若客”，像客人端庄拘谨。“客”，王弼本原作“容”，和上文不押韵，当是“客”字的错误，《帛书老子》篆本和隶本都作“客”，现在据《帛书老子》改作“客”。“涣兮”，融解的样子。“冰之将释”，喻情欲日损，至于空虚。

“敦兮其若朴，旷兮其若谷，混兮其若浊。”“敦兮”，诚厚的样子。“朴”，没有雕琢过的素木。“旷兮”，空旷的样子。“谷”指山谷。“混兮”，混沌的样子。“浊”，名词，指浊水。“若朴”是形容有道之士的质实纯朴，“若谷”是形容有道之士的谦虚退让，“若浊”是形容有道之士的浑噩愚昧。

“孰能浊以静之徐清，孰能安以久动之徐生。”“孰”，谁的意思。上下两句“以”字都解作“而”。上句“浊”、下句“安”都是形容词。“浊”是浑浊的意思，“安”是安静的意思。上句“静”、下句“动”都是动词。两句的意思是说，谁能在浑浊的情形下，而使之安静并慢慢地清明，谁能在长久的安静情况下，而使之活动并慢慢地生动活泼。“浊”和“安”是修道者的外在表现，但内心不能这样，如果内心这样，那就毫无生意而成一汪死水了。内心一定要保持“虚灵不昧”、生动活泼，才像源头活水而生趣盎然。所以外表“浊”，内心要“静之徐清”，外表“安”，内心要“动之徐生”才是。

“保此道者不欲盈。夫唯不盈，故能蔽而不成。”“此道”，指

"静之徐明"、"动之徐生"的道。"盈",满的意思。"不欲盈"就是不求自满。"蔽",隐蔽的意思。"不成",就是"不成器",也就是四十一章"大器晚成"的"晚成"("晚成"就是无成、不成的意思)。正因为"不成",所以"深不可识"。所以"不成"一词,和前文"微妙玄通,深不可识"遥相呼应。文字首尾一体,思想脉络连贯。"蔽而不成",王弼本原作"蔽不新成",后人多改作"蔽而新成",意思都不很通畅。《帛书老子》隶本作"蔽而不成",意思才豁然显露。现在依据《帛书老子》隶本改正。

【说明】

本章旨在说明有道之士的修养、表现,而特别着重"不盈"二字。只有不盈,才能"蔽而不成",才能"微妙玄通、深不可识"。而人所以要"不盈",那是取法于道体的虚无。

第十六章

致虚极，守静笃。万物并作，吾以观复。夫物芸芸，各复归其根。归根曰静，是谓复命。复命曰常，知常曰明。不知常，妄作凶。知常容，容乃公，公乃全，全乃天，天乃道，道乃久。没身不殆。

【译意】

人的心灵本来是虚明宁静的，但往往为私欲所蒙蔽，因而观物不得其正，行事则失其常。所以我们要尽力地使它回到虚明宁静的状态。这样，万物的生长、活动，我们就能看出他们由无到有，再由有返回到无，循环反复的情形。万物虽然繁杂众多，但是最后总要回复到他们的根源。他们的根源是静，静就是他们的本性，所以回复到根源就复归本性。这种复归本性是自然的常道。知道这种自然的常道可以称为明智，如果不知道这种常道而轻举妄动，那就要产生祸害了。知道这种常道的人就能无事不通无所不包，无事不通无所不包才能廓然大公，廓然大公才能做到无不周偏，无不周偏才能德配天地，德配天地才能体合大道，体合大道才能永垂不朽。这样，终身也不会有任何危险了。

【解析】

“致虚极，守静笃。”“致虚”，是说消除心智的作用，以使心空虚无知。“守静”，是说去除欲念的烦恼，以使心安宁沉静。“极”和“笃”都是极端、顶点的意思。道体虚无寂静，人心也和道体一样，虚明宁静。但往往为私欲所蒙蔽，所以必须加以修养，使心回复其原有的虚静状况。

“万物并作，吾以观复。”“作”，指万物的生长活动。“复”，返的意思，指万物复归于本根。虚是有的本，静是动的根。所以有必生于虚，最后必返回到虚；动必起于静，最后必返回到静，这就是所谓的“复”，也就是宇宙万物活动的共同规则。“致虚极，守静笃”，才能看清这个法则。

“夫物芸芸，各复归其根。”“芸芸”，众多的样子。“根”指“虚”、“静”，也就是指道。“归其根”，由有复归于虚，由动复归于静，也就是复归于道。

“归根曰静，是谓复命，复命曰常。”道体虚静，万物返归于道，即是返归于静，所以说“归根曰静”。“命”就是性，“复命”

就是复归本性。“常”，名词，指自然的法规，也就是万物共同遵守的法则。这个法则就是由无而有，再由有复归于无。四十章说：“反者道之动。”这种循环反复的作用，就是大道运行的常轨。

“知常曰明，不知常，妄作凶。”老子极端重视“明”而反对“智”，重视“明”的文字除本章外，另外如二十二章：“不自见故明。”三十六章：“是谓微明。”五十二章：“见小曰明。”“复归其明。”五十五章：“知常曰明。”反对“智”的例子，如十八章：“智慧出，有大伪。”十九章：“绝圣弃智。”六十五章：“故以智治国，国之贼；不以智治国，国之福。”“智”和“明”的分别很小，“智”是外射的，“明”是内照的。也就是说“智”是观人的，“明”是省己的。有人把“智”比作蜡烛，把“明”比作镜子，真可以说是绝妙的比喻。

“知常容，容乃公。”“容”，包容的意思。“公”，公平的意思。两句的意思是说，知道宇宙万物共同遵守的法则，才能心胸开阔，无不包容；无不包容，才能廓然大公。

“公乃全，全乃天。”“全”，周遍的意思。王弼本原作“王”，注说：“无所不周遍。”由注文可知“王”为“全”的缺坏。“天”，就是道。两句的意思是说：“廓然大公才能无不周遍，无不周遍才能合于天道。”

“天乃道，道乃久。没身不殆。”“没身”，终身的意思。“殆”，危险的意思。两句的意思是说，合于天道才能合于自然之道，合于自然之道才能长存不朽。如此，终身也不至于有危险了。

【说明】

本章在叙述“致虚”和“守静”的效果，能明察事理，能洞知万物变化的常规。能识得这个常规，就能深得自然的妙趣，而与道同体。

第十七章

太上，下知有之；其次，亲而誉之；其次，畏之；其次，侮之。信不足焉，有不信焉。悠兮其贵言。功成、事遂，百姓皆谓："我自然。"

【译意】

国君治理国政，可以分成四个等级。最上等的国君，用无为的方式处事，推行不言的教化，使人民都能各顺其性，各安其生，所以人民仅仅知道有一个国君罢了，没有感觉到他做了些什么。次一等的国君，用德教感化人民，用仁义治理人民，所以人人都亲近他、赞誉他。再次一等的国君，用政教治理人民，用刑法威吓人民，所以人民都畏惧他。最末一等的国君，用权术愚弄人民，用诡计欺骗人民，所以人民都反抗他。这种国君本身就不够诚信，人民当然不相信他。最上等的国君却是每天悠悠闲闲的，也不发号施令，但是人民却能够各顺其性，各安其生，得到最大的益处。

等到这个大功完成了，这个大事办好了，而人民却不晓得这是国君的功劳，反而说："这是我们自然如此的啊。"

【解析】

"太上，下知有之；其次，亲而誉之。""太上"，至上、最上的意思，指最好的国君，也就是得道的圣人。"之"，指"太上"。"其次"，指次于"太上"的国君。圣人在位，无为不言，人民都能顺性发展，而仅仅知道有个国君存在。次一等国君导民以德，齐民以礼，人民感戴他，所以亲近他、赞誉他。

"其次，畏之；其次，侮之。""畏"是畏惧的意思。这一类国君用刑政来齐民，用严法来治民，所以人民都怕他。"侮"是侮辱、侮蔑的意思。最下等的国君用权术愚弄人民，用诡计欺骗人民，所以人民不听从他而发生反抗行为，也就是侮辱他了。

"信不足焉，有不信焉。""信"，诚信的意思。是说这种国君（指其次侮之）本身不够诚信，所以人民也不信赖他，可以说是自取其辱。

"悠兮其贵言。""悠兮"，悠闲的样子。"贵言"，就是第二章"行不言之教"的"不言"，是说不发号施令。这句是指"太上"的国君而言。

"功成、事遂，百姓皆谓：'我自然。'""功"和"事"都是指太上的国君所作的结果。太上无为而治，所谓无为，并非一无作为。如果一无作为，哪来的“功”和“事”。只是顺着自然而作为，所以虽然有了“功”和“事”，百姓们还不知道，还都说：“我们自然如此的啊！”“自然”是说自然如此。

【说明】

本章在说明“无为而治”的好处。老子把治政的人分成四等，用人民的反应来显示他们政治的优劣。指出人们所以“畏之”、“侮之”，是由于治政者的诚信不足。诚信不足，当然只好借助于严刑峻法。但殊不知法令越严，人民就越不遵守，刑罚越重，人民就越加反抗。哪里及得上无为而治，功成事遂，老百姓还浑然不觉，说是自然如此的哩！

第十八章

大道废，有仁义；智慧出，有大伪。六亲不和，有孝慈；国家昏乱，有忠臣。

【译意】

大道普行的时候，家家有孝子，户户有忠信，根本用不到仁义，等到大道废弃民风不纯了，仁义才随之而产生。上古的时候，人民诚实质朴，不识不知，根本没有虚伪。到了中古的时候，民情日凿，民事日繁，于是治天下的人就用他的智慧创造了制度法令来治理人民，殊不知道智慧一出，虚伪诡诈也随之而产生了。家族中人都能推诚相与、和睦相处，用不着孝和慈，等到六亲失了和，不能推诚相与、和睦相处，孝慈才因而产生。国家清明的时候，臣子们各司其守，各尽其职，没有所谓的忠臣，等到国家昏乱以后，臣子们不能负责尽职，忠臣才随之而产生。

【解析】

“大道废，有仁义。”在老子的思想中，道德的层次要比仁义为高。三十八章说：“失道而后德，失德而后仁，失仁而后义。”就是证明。大道与仁义的差别，在于大道以自然为宗，以无为为用，而仁义讲求造作，崇尚有为。老子思想以自然无为为本，等到不能自然无为，造作有为于是相继而产生。所以说：“大道废，有仁义。”

“智慧出，有大伪。”“智慧”，指治天下者的机智巧诈。也就是指他们所创设的礼乐、权衡、斗斛、法令等制度。这些制度产生以后，人民反因之而作奸作伪。所以说：“智慧出，有大伪。”“智慧”，王弼本原作“慧智”，可是他的注文说：“故智慧出，则大伪生。”由此看来，王弼本原来也是作“智慧”的，被后人弄颠倒了。《帛书老子》篆本、隶本都作“智慧”，现在就根据它改正。

“六亲不和有孝慈，国家昏乱有忠臣。”“六亲”，指父子、兄弟、夫妇。当六亲和睦，国家治平的时候，孝慈和忠臣虽然存在，但却看不出来，等到六亲失和、国家昏乱了，孝慈和忠臣就特别显著了。譬如舜的父亲瞽叟非常顽劣，舜的弟弟非常坏，于是舜的孝顺就突出了。同样的，因为桀和纣的暴虐，然后才产生关龙逄（páng）和比干等大忠臣。反之，如果舜的父亲不顽劣，弟弟不坏，就没有大舜这个孝子；桀和纣不暴虐，就没有关龙逄、比干等忠臣了。

【说明】

仁义、智慧、孝慈、忠臣，在一般人看来，都是非常好的名称和行为，可是在老子看来，这些都是在大道废弃、纯朴破灭以后才产生的。它们的产生，正说明了道德的破产，人心的堕落，这是社会的退步，而不是进步。鱼在江湖之中，互相遗忘，及至到了陆地，没有水了，只好吐沫相濡。相濡是美德，但这种美德是在失去江湖以后才产生的，多么可怜啊！

第十九章

绝圣弃智，民利百倍；绝仁弃义，民复孝慈；绝巧弃利，盗贼无有。此三者，以为文不足，故令有所属。见（xiàn）素抱朴，少私寡欲。

【译意】

睿圣和智慧是创作一切制度和法令的根源，制度法令有了，虚伪诡诈随之而产生，所以弃绝睿圣和智慧，人民反而能够得到百倍的利益。仁德和义理束缚人的天性，弃绝了仁德和义理，人民反而能够恢复孝慈的天性。机巧和货利，能使人产生窃盗之心，弃绝了机巧和货利，盗贼自然就绝迹了。圣智、仁义、巧利，这三者都是文采罢了，是不足以治理天下的。所以，要使人民另外有所遵循：那便是外在表现纯真，内在保持质朴，减少私心，降低欲望。

【解析】

“绝圣弃智，民利百倍。”“圣”和“智”都是名词，意思也相近。“圣”是才智的意思，和“圣人”的“圣”不同，老子反对“圣”，却极端重视“圣人”。一切礼乐刑政，都由圣智所创作，弃绝圣智，则以无为为治，而民自化，所以说“民利百倍”。

“绝仁弃义，民复孝慈。”老子认为仁义是大道废弃以后的产品，是人造作出来的，并不是出于人的天性。而孝慈本是人的天性，但仁义产生后，责成人孝慈，人为了要获得孝慈的声名，矫揉造作，结果反而戕害了孝慈的本性。所以绝去仁和义，然后人才能恢复孝慈的本性。

“绝巧弃利，盗贼无有。”“巧”指机巧，“利”指财货。如果内心产生机巧，外在再有财货的引诱，那么人一定会沦为盗贼。所以必须弃绝内在的“巧”和外在的“利”，然后才能使盗贼绝迹。

“此三者以为文不足。”“三者”指圣智、仁义、巧利。“文”，对下文“素”、“朴”而言。圣智、仁义、巧利是人为的文（人文），并非出于“自然”（道），所以不足以治天下。

“见素抱朴，少私寡欲。”“见”和“现”同，表现的意思。“素”是没有染色的丝，“朴”是没有雕琢的木，引申为纯真的意思。两句的意思是说：顺应自然，少表现个人的私心欲望。

【说明】

本章旨在崇尚朴素——自然，反对文采——人文。圣智、仁义、巧利，都是人文，不仅不能为人类带来利益，反而会产生灾害。弃绝人文，返回自然，同于大道，人民浑浑沌沌，那么一切的虚伪、争夺就自然消失。而这才是老子的理想社会。

第二十章

绝学无忧。唯之与阿，相去几何？善之与恶，相去若何？人之所畏，不可不畏。荒兮其未央哉！众人熙熙，如享太牢，如春登台。我独泊兮其未兆，如婴儿之未孩，儽儽兮若无所归。众人皆有余，而我独若遗。我愚人之心也哉，沌沌兮！俗人昭昭，我独昏昏；俗人察察，我独闷闷。澹兮其若海，飂（liù）兮若无止。众人皆有以，而我独顽以鄙。我独异于人，而贵食母。

【译意】

学问知识是忧愁烦恼的根源，弃绝一切学问知识，就不会有忧愁烦恼。世人都趋荣而避辱，取善而去恶，但荣和辱究竟相差好多？善和恶到底又相差多少？不过我也不能特立独行，显露锋芒。大家畏惧的，我也不能不畏惧，我要和光同尘，与世推移。但是大道是那么样的广大而没有穷尽，和世俗相差太远了。众人是那么样的高兴，好像享受丰盛的酒席，又好像春天登高眺远，唯有我淡泊恬静，心里没有一点情欲，好像还不会笑的婴儿。又是那样的懒散，好像无家可归似的。众人自满自得，好像什么都有多余，唯有我好像都匮乏不足。我具有愚蠢人的一颗心，是那么样的浑沌。世人都清清楚楚，只有我糊糊涂涂；世人都明明白白，只有我浑浑噩噩。我恬澹宁静，好像大海一样，无所拘限；我随波逐流，好像大风一样，没有归宿。众人都有能力，只有我愚蠢而又鄙陋。世人都竞逐浮华，只有我与众不同，抱守住人生的根本——生养万物的大道。

【解析】

“绝学无忧。”“学”，名词，指学问知识。老子是反对学的，四十八章说：“为学日益，为道日损。”六十四章说：“学不学。”为学能日增欲望、智巧，而这些正是忧愁烦恼的根源。婴儿没有什么知识，没有欲望，却是快快乐乐的；但长大了，知识增加了，欲望增大了，忧愁烦恼也多了，不就是一个很好的证明吗？所以老子主张绝学。绝学，就没有忧愁烦恼了。

“唯之与阿，相去几何；善之与恶，相去若何。”“唯”和“阿”都是应声。“唯”是恭敬的应声，“阿”是轻侮的应声，两个字引申有荣辱的意思。世人所谓的荣和辱、善和恶，都是主观的，而不是客观的；都是相对的，而不是绝对的。这种主观的、相对的价值判断，往往因时因地而异。甲地认为荣的，乙地可能认为辱；前代认为善的，后代可能认为恶。如此说来，荣和辱、善和恶之间究竟有什么差别呢？所以说“相去几何”、“相去若何”。

“荒兮其未央哉。”“荒兮”是广大的样子。“未央”是无尽的意思。这句是老子自叹和世俗相去太远。

“众人熙熙，如享太牢，如春登台。我独泊兮其未兆，如婴儿之未孩。”“熙熙”是和乐的样子。“太牢”指牛、羊、猪三牲。“春登台”，比喻迷于美进，惑于荣利。“泊兮”，淡泊的样子。“兆”是朕兆、迹象的意思。“未兆”是说心胸纯朴、无情无欲。“孩”与“咳”同，婴儿的笑。“婴儿之未孩”，是说心胸廓然，好像还不会笑的婴儿一样。

“儽儽兮若无所归。众人皆有余，而我独若遗。”“儽儽兮”，疲倦的样子，一说懒散的样子。“无所归”是说没有目的。“归”是归宿，引申有目标的意思。“有余”，引申有自满的意思。“遗”借作“匮”，不足的意思，引申有谦下的意思。

“我愚人之心也哉，沌沌兮。”“愚人之心”，是说心胸无知无欲，一片浑沌。这正是修养的最高境界。“沌沌兮”，无知的样子。

“俗人昭昭，我独昏昏；俗人察察，我独闷闷。”“昭昭”、“察察”，都是清明的样子；“昏昏”、“闷闷”，都是昏暗的样子。

“澹兮其若海，飂兮若无止。”“澹兮”，恬静的样子。“其若海”是说如海的广大无边，而无所拘限。“飂兮”，是形容风飞扬的样子。“其无止”是说像风一样没有固定目标。

“众人皆有以，而我独顽以鄙。”“以”，能的意思。“有以”

就是有能力。“顽”，愚钝的意思。“鄙”，鄙陋的意思。“顽以鄙”，就是愚蠢而又鄙陋。“以”字王弼本原作“似”，意思不很通畅。“似”当是“以”字的错误，《帛书老子》篆本和隶本都作“以”，可以证明。现在依据《帛书老子》改作“以”。“以”，又的意思。

“我独异于人，而贵食母。”“食”，养育的意思。“母”指道。道能生养万物，所以称为“食母”。众人都追求荣显，表现聪明，而老子独自抱守大道，保持朴素，所以说是“异于人”。

【说明】

本章旨在说明老子与世人不同之处。世人都表现聪明有能，而老子却表现愚蠢鄙陋。殊不知老子的愚蠢，正是他聪明的地方，而众人的聪明，正是他们的糊涂处。只是一般人思想浅薄，眼光短近，仅能看到表面，而看不到深处，于是就把“愚公”当做愚人，而把“河曲智叟”当做智者了。

第二十一章

孔德之容，惟道是从。道之为物，惟恍惟惚。惚兮恍兮，其中有象；恍兮惚兮，其中有物。窈兮冥兮，其中有精。其精甚真，其中有信。自古及今，其名不去，以阅众甫。吾何以知众甫之状哉？以此。

【译意】

有德之人的一行一动，都以道为准则。道这样东西，说它是无又似乎有，说它是实又似乎虚，它是恍恍惚惚的。可是在恍惚之中，它又具备了宇宙形象，在恍惚之中，它又涵盖了天地万物。它是那么深远而昏暗，可是其中却具有一切生命物质的原理和原质。这原理和原质是非常真实的，其中有非常信验真实的东西。从古到今，道一直存在，并且也一直在从事创造万物的活动。我怎么能晓得万物本源的情况呢？就是靠着这个道。

【解析】

“孔德之容，惟道是从。”“孔”，大的意思。“孔德”就是有大德的人。“容”，表现的意思。“惟道是从”，就是“惟从道”，是说大德之人的一切表现，唯服从于道。

“道之为物，惟恍惟惚。”两个“惟”字都是语词，没有意思。“惟恍惟惚”，就是恍恍惚惚。“恍惚”是若有若无，不可辨认的意思。道非有非无，亦虚亦实，所以说：“惟恍惟惚。”

“惚兮恍兮，其中有象；恍兮惚兮，其中有物。”“惚恍”就是“恍惚”，颠倒是为了押韵。“象”，形象的意思。“物”指天地万物。道虽恍惚无形，但天地万物都由其中产生，所以说“其中有象”、“其中有物”。

“窈兮冥兮，其中有精。其精甚真，甚中有信。”“窈冥”，深远昏暗的意思。“精”，本是动物的精子，这里用来比喻最细微的东西，指一切生命物质的原理和原质。“信”，名词。信验、真实的意思。

“自古及今，其名不去，以阅众甫。”万物有名而道不可名，由此说来“无名”就是它的名了。所以说：“自古及今，其名不去。”“阅”，阅历，引申有创生的意思。“甫”，始的意思。“众甫”就是万物之始。万物各有其根源，而道是一切根源的根源，所以说：“以阅众甫。”

“吾何以知众甫之状哉？以此。”“此”，指道。道是一切根源的根源，把握住道，就能知道万物的情状。十四章说：“执古之道，以御今之有。”就是这个意思。

【说明】

本章旨在对道作一番说明。道是很难用言语说明的，一落言诠，就不是整个的道了，所以本书的开宗明义便说：“道可道，非常道。”本章说：“其中有象”、“其中有物”，我们可千万不能执着，说道之中真有什么东西。因为十四章不是还说“复归于无物”，“是谓无状之状，无物之象”吗？说其中有“物”、“象”，只是因为万物是从其中创生的罢了。

第二十二章

曲则全，枉则直，洼则盈，敝则新，少则得，多则惑。是以圣人抱一为天下式。不自见（xiàn），故明；不自是，故彰；不自伐，故有功；不自矜，故长。夫唯不争，故天下莫能与之争。古之所谓曲则全者，岂虚言哉？诚全而归之。

【译意】

一切事物，不能只看表面，还要看里面；不能只看正面，还要看反面。所以，委屈的反而可以保全，弯曲的反而可以伸直，低下的反而可以盈满，破旧的反而能够更新，少取的反而可以得到，多取的反而弄得迷惑。圣人明了这个道理，所以紧紧抱持着“一”，作为天下的模范，不自我表现，所以能够显明；不自以为是，所以能够昭著；不自我夸耀，所以才有功劳；不自大自满，所以才能长久。古时候所说的“委曲的反而能够保全”这段话，难道是假的吗？实在应该保守着它而以它为归趋啊！

【解析】

“曲则全，枉则直，洼则盈，敝则新。”“曲”，委屈的意思。强风来了，小草顺风偃倒，结果安然无恙；大浪来了，船只随浪浮沉，结果毫无损伤，这就是“曲则全”的例证。“枉”，弯曲的意思。尺蠖先弯曲，然后才能伸直；人必先弯腿，然后才能跃起，这是“枉则直”的例证。“洼”，低洼的意思。江海卑下，百川汇归，人如谦下，众人拥戴，这是“洼则盈”的例证。“敝”，破败的意思。枯叶落尽，新叶不久产生；残冬过去，新春随之降临，这是“敝则新”的例证。“曲”、“枉”、“洼”、“敝”，都是属于柔弱退让的一面；“全”、“直”、“盈”、“新”，都是属于刚强的一面。老子认为宇宙间的一切事物，都在对立的情况中反复变化，永无止息。而在变化的过程中，所有坚强的东西，都要被摧毁，柔弱的东西，反而能留存。所谓“坚强者，死之徒；柔弱者，生之徒”（七十六章），就是“曲、枉、洼、敝”所以能“全、直、盈、新”的道理。

“少则得，多则惑。”西洋俗语说：“太多等于没有。”降低欲望，则很容易满足，这是“少则得”的意思。十二章说：“五色令人目盲，五音令人耳聋，五味令人口爽。”这就是“多则惑”的证明。

“是以圣人抱一为天下式。”“一”，比喻“道”。“一”是数的开始，“道”是物的本根，所以用“一”喻“道”。“抱一”，就是守道。"式"，法则的意思。上文说："少则得，多则惑。"多不如少，少又不如一，所以抱一能为天下的法则。

"不自见，故明；不自是，故彰；不自伐，故有功；不自矜，故长。""见"和"现"同，表现的意思。"自见"就是自我表现。"自是"，就是自以为是。"彰"，显明的意思。"伐"，夸耀的意思。"矜"，尊大的意思。"自矜"，就是自尊自大。"自见"、"自是"、"自伐"、"自矜"，都是有我、自私的表现。反之，就是无我、不自私。自私的结果，反而丧失自我；不自私，反而能保全自我。七章说："非以其无私邪？故能成其私。"就是这个道理。

"古之所谓曲则全者，岂虚言哉？诚全而归之。""曲则全"一句，总括下文"枉则直"等五句。"诚"，实在的意思。"全"，保全的意思。"归"，"归向"的意思。"全而归之"，是说保全它（曲则全）而以它为归趋。

【说明】

本章旨在以自然界"曲、枉、洼、敝"而能达成"全、直、盈、新"的情形，劝人处柔守弱，谦下退让。因为"天道亏盈而益谦，人道恶盈而好谦"（《易·谦卦·彖辞》）。所以人要"知其雄，守其雌；知其白，守其黑；知其荣，守其辱"（二十八章）。

第二十三章

希言自然。故飘风不终朝，骤雨不终日。孰为此者？天地。天地尚不能久，而况于人乎！故从事于道者，同于道；德者，同于德；失者，同于失。同于道者，道亦乐得之；同于德者，德亦乐得之；同于失者，失亦乐得之。信不足焉，有不信焉。

【译意】

治理政事要“处无为之事，行不言之教”。一切顺应自然。所以暴风刮不了一个早上，急雨下不了一整日。谁造成这样情形的呢？是天地。天地造成的暴风急雨尚且不能够维持长久，何况人造成的苛刑虐政呢？所以从事于道的人，就能得到道；从事于德的人，就能得到德；从事不道不德的人，就能得到不道不德。得到道的人，道也乐于得到他；得到德的人，德也乐于得到他；得到不道不德的人，不道不德也乐于得到他。为政者的诚信不足，人民就自然不信任他。

【解析】

“希言自然。”“希”，是无的意思。“希言”和第二章“行不言之教”的“不言”意同。“言”指声教法令。“自然”就是无为。这句话是说治政者不必立法令、定制度，一切顺应自然无为而治就可以了。

“飘风不终朝，骤雨不终日。”“飘风”，就是暴风、疾风。“终朝”，一个早上。“骤雨”，急雨。“飘风”、“骤雨”，都是比喻暴虐的政治。飘风不会吹一个早上，急雨不会下一整天，那么暴政也不会维持长久的。暴秦就是一个最好的例证。

“天地尚不能久，而况于人乎。”这句是说天地失常，妄作飘风骤雨，尚且不能长久，何况人妄作苛政严刑呢？“天地”指天地所作的飘风骤雨，并不是指天地本身，因为“天长地久”（七章），不会“不能久”的。

“从事于道者，同于道；德者，同于德；失者，同于失。”“从事于道”，以道为法的意思，就是“处无为之事，行不言之教”。“同于道”，与道同体的意思。下文“同于德”、“同于失”，都仿造这句解释。“同于道”，王弼本原作“道者同于道”。多出“道者”两个字，《帛书老子》篆本、隶本都没有这两个字，所以依据《帛书老子》把这两个字删除。“德者”、“失者”都承上文“从事于”而省掉这三个字。“失”意指失道、失德，也就是不道、不德的意思。

“同于道者，道亦乐得之；同于德者，德亦乐得之；同于失者，失亦乐得之。”人既诚心追求道，道也不拒人于千里之外，而乐于为人所用。所以说：“同于道者，道亦乐得之。”其他“同于德者，德亦乐得之；同于失者，失亦乐得之”。意思都依此类推，物类相感。《易经·系辞·文言》说：“同声相应，同气相求，水流湿，火就燥，云从龙，风从虎。”就是这几句话的意思。

“信不足焉，有不信焉。”这两句重见十七章，解释见十七章。

【说明】

本章旨在说明治理政事当依循自然、顺从民意，不可妄作妄为。妄作妄为必不能长久，因为天地妄作飘风、骤雨，而且不能长久，何况人呢？而道的精神就是自然无为，治政能顺从自然，就是顺从道，而顺从道的人，就能与道同体；反之，从事于不道的人，也能与不道同体。治政者实在不能不谨慎从事啊！

第二十四章

企者不立，跨者不行。自见（xiàn）者不明，自是者不彰，自伐者无功，自矜者不长；其在道也，曰余食赘行。物或恶之，故有道者不处。

【译意】

为人处世，总以谦下退让为宜，反之，没有不失败的。举起脚跟想要高过别人的，反而站不稳；张开步伐想要快过别人的，反而走不动。自我表现的，反而不能显明；自以为是的，反而不能昭著；自我夸耀的，反而没有功劳；自大自满的，反而不能长久。这些行为对道来说，都是些剩饭赘瘤，都是多余的，不仅没有益处，反而有害处。一般人尚且厌恶，所以有道之士，更不会这样做了。

【解析】

“企者不立，跨者不行。”“企”和“跂”同，举起脚跟站立的意思。“跨”，大步而行的意思。举起脚跟本来想求更高，张开两脚本来想求更快，但都因为过分求进，违背自然，反而站不住，走不快了。

“自见者不明，自是者不彰，自伐者无功，自矜者不长。”“自见”、“自是”、“自伐”、“自矜”，都是自我炫耀、争强好胜的表现，和老子主张的谦下退让完全异趣，所以最后必至于“不明”、“不彰”、“无功”、“不长”。二十二章说：“不自见，故明；不自是，故彰；不自伐，故有功；不自矜，故长。”文意与这几句相成，可以合看。

“其在道也，曰余食赘行。”“其”指“企”、“跨”、“自见”等六件事。“余食”，余弃的食物。“行”和“形”同。“赘行”就是“赘形”，指形体上附赘的东西，如骈拇、枝指、肉瘤之类便是。这些多余的东西，对身体不仅无益，而且有害，“自见”、“自是”等行为，便和这些多余的东西一样。

“物或恶之，故有道者不处。”“物”指人。“不处”，不以此自居，也就是不为的意思。两句话的意思是说“自见”等行为，一般人尚且厌恶，所以有道之士当然不会去做。

【说明】

本章和二十二章的旨趣相同，都是劝人顺应自然，遇事谦下退让，不可争胜逞强。只是本章从正面说，二十二章从反面说而已。

第二十五章

有物混成，先天地生。寂兮寥兮，独立而不改，周行而不殆，可以为天下母。吾不知其名，字之曰道。强为之名，曰大。大曰逝，逝曰远，远曰反。故道大、天大、地大、人亦大。域中有四大，而人居其一焉。人法地，地法天，天法道，道法自然。

【译意】

有一个混然而成的东西，在天地还没有形成之前就已经存在了。它既没声音，也没有形体，但却超越于万物之上而永久不变，无时无地不在运行而永不停止。它创造天地万物，可以作为天下一切的根源。我不知道它的名字，把它叫做“道”。勉强地描述它的形状，可说广大无边，广大无边就运行不息，运行不息就无远不到，无远不到就归本还原，又返回到寂寥虚无。所以，道是大的，天是大的，地是大的，人也是大的。宇宙中有四个大的，而人占有其中的一个。人以地为法则，地以天为法则，天以道为法则，道则以自然为法则。

【解析】

“有物混成，先天地生。”“物”就是二十一章“道之为物”的“物”，指道。道本不知其名，所以暂用一个“物”字称它，并不是说道是物质。“混成”，混然而成的意思。道能创生天地万物，则必先天地而存在。所以说：“先天地生。”

“寂兮寥兮，独立而不改，周行而不殆，可以为天下母。”“寂”，形容道没有声音。“寥”，形容道没有形体。道先天地而生，超然万物之上，没有一样东西可以和它匹敌，所以说“独立”。道生万物，万物无时不在变化，唯有道永恒不变，所以说“不改”。王弼本原没有“而”字，和下文“周行而不殆”不对称，《帛书老子》隶本有“而”字，所以依据《帛书老子》加上“而”字。“周行”，指道无所不在。“殆”和“怠”同，止息的意思。“不殆”，指道的作用永不停止。“独立而不改”，指道体的绝对和永恒。“周行而不殆”，指道用的广大而无尽。“可以为天下母”就是为天地万物的根源。

“吾不知其名，字之曰道。”“字”，动词，命名的意思。“道”这个字，先秦诸子中其他各家虽也有提到，但它的意义仅限于人生、政治方面，没有扩展到宇宙方面。把“道”看作宇宙的根源，这是老子的伟大发现。称它为“道”的，老子也是第一个人。

“强为之名曰大。大曰逝，逝曰远，远曰反。”“强”，勉强的意思。“名”，形容的意思，和十五章“强为之容”的“容”意思相同。“道”不可道，所以说“强为之名”。“大曰逝”，是说广大则运行不息。“曰”，作“则”、“就”讲，下两句“逝曰远，远曰反”中两个“曰”字意思相同。“逝”，往的意思。“远”，穷极的意思。道体流行则无所不至，所以说“逝曰远”。“反”，复的意思，就是十六章的“归根”、“复命”，道无所不至则复归于虚无。

“人亦大。”“人”，王弼本原作“王”，但和下文“人法地，地法天，天法道”意思不连贯。许慎《说文·大部》作“人亦大”，古本也作“人”，所以依据古本改作“人亦大”。下句“而王居其一焉”，“王”字一并改作“人”。

“人法地，地法天，天法道，道法自然。”人、地、天、道所法的都是无私精神，也就是法自然。地无私载，所以“人法地”。天无私覆，所以“地法天”。道则“生而不有，长而不宰”（五十一章）。“衣养万物而不为主”（三十四章）。所以“天法道”。“自然”，自然而然，无为无事的意思。“自然”是道的性质，道之所以能发生主宰作用，完全是顺应自然，听任万物的自化罢了，并不是在道的上面另有一个东西叫做“自然”，而为道所效法。因为在道的上面如果有任何东西，那道便不能成为宇宙万物的本源了。

【说明】

本章旨在说明道的体和用。道体“独立而不改”，道用“周行而不殆”，而为天地万物的本源。但道创生万物，并非有任何意图，只是顺应自然罢了。正因为如此，道才能包举天地，纵贯古今，而为万物所推戴。人如能效法这种精神，其结果必为众人所爱戴，自不待言。

第二十六章

重为轻根，静为躁君。是以圣人终日行不离辎重，虽有荣观，燕处超然。奈何万乘之主，而以身轻天下？轻则失根，躁则失君。

【译意】

修身治事，稳重、清静最为重要，轻浮、急躁最要不得，稳重是轻浮的根本，清静是急躁的主帅。所以体道的圣人整天地行走，却离不开辎重，虽然有华美丰富的物质享受，却能泰然处之，不受它的左右。一个万乘之国的君主，怎么可以轻浮急躁地来治理天下呢？轻浮就不能稳重，急躁就不能清静了。

【解析】

“重为轻根，静为躁君。”以树木为例，根重在下，枝叶轻在上；枝叶可随风摇动，而根则始终安静。由此可知“重”和“静”

是本、是常；“轻”和“躁”是末、是变。且“重”能克轻，“静”能胜躁。所以有道之士，能执本处常，舍末去变，持重以克轻，守静以胜躁。试看淝水之战，苻坚轻浮，谢安稳重；苻坚急躁，谢安宁静，结果谢安打败了苻坚，东晋因而稳固，前秦因而灭亡。这就是一个最好的明证。

“是以圣人终日行不离辎重，虽有荣观，燕处超然。”“行”，行走的意思，和下文“处”为相对词。“辎重”是载衣物粮食的车子，因为它很累重，所以称“辎重”。“荣观”，宫阙的意思。“燕处”，安居的意思。“超然”，无所牵系的意思。这几句是说有道之士，出门行走，则不离辎重，在家虽有华丽的宫阙，美好的生活享受，但内心稳重宁静，丝毫不为所动。

“奈何万乘之主，而以身轻天下？”“万乘之主”，指帝王国君。帝王国君一身系天下安危，应当持重守静，以作为天下国家的表率；如果轻浮急躁，就不足以担当天下的重任了。又“以身轻天下”，《帛书老子》篆本、隶本皆作“以身轻于天下”，“天下”上有一“于”字，就可知道“天下”二字是处所词，意思更为清楚。

“轻则失根，躁则失君。”这两句和开头两句“重为轻根，静为躁君”遥相呼应。“本”和前文的“根”意思相同，指“重”。“君”也和前文的“君”字意思相同，指“静”，并不是君王的意思。

【说明】

本章旨在说明“重”和“静”的重要。重能御轻，静能制动，这是物理，也是人事的公例。治国家的人，应该取法物理，处重守静，夷险一节，这样才能置国家于泰山之安。如果轻率将事，妄作妄为，必将身亡国灭了。

第二十七章

善行无辙迹，善言无瑕谪，善数不用筹策，善闭无关楗而不可开，善结无绳约而不可解。是以圣人常善救人，故无弃人；常善救物，故无弃物，是谓袭明。故善人者，不善人之师，不善人者，善人之资。不贵其师，不爱其资，虽智，大迷。是谓要妙。

【译意】

善于处事的人，能够顺自然而行，所以不留一点痕迹。善于说话的人，能沉默不言，所以没有一点过失。善于计算的人，能不用心智应世接物，所以能不用筹码。善于笼络群众的人，推诚相与，所以即使不用门户来拘限，群众也不会背离。善于结纳人心的人，谦虚退让，所以即使不用绳索来捆缚，别人也不会离去。因此，体道的圣人，能够随时教化人民，使人尽其才，所以没有遗弃的人；能够处处珍惜万物，使物尽其用，所以没有遗弃的物。能够做到这些，真可以说是得到道的精微高明了。所以善人是不善之人的老师，可以教化不善之人迁善向上；不善之人是善人的镜子，可以警惕善人堕落陷溺。如果不善之人不尊重善人，善人不爱惜不善之人，虽然自以为聪明，其实还是大大的糊涂。这个道理，真是奥妙啊！

【解析】

“善行无辙迹，善言无瑕谪，善数不用筹策。”“行”，动词，本来是行走的意思，引申指一切行为。“辙”是车轮所碾过的痕迹，“辙迹”就是痕迹。行走都会留下痕迹，要想不落痕迹，只有不走，或者顺着别人的脚印走。做事也是如此，要想不生错误，只有“无为”，也就是顺自然而为。“瑕”和“谪”意思相同，“瑕谪”就是错误。说话总会有错误，要想没有错误，只有“不言”。因为“言多必失”，“不言”就没有过失了。“数”是动词，计算的意思。“筹”和“策”都是用竹子做的，古时候计数的工具。计算数目，都要凭借筹策一类的工具，不用筹策而称“善数”，那只有不数。引申就是不用心机的意思。俗语说：“人算千算，不如天算一算。”又说：“智者千虑，必有一失。”就是这个意思。

“善闭无关楗而不可开，善结无绳约而不可解。”“关楗”是关闭门户的横木和竖木，横的叫关，竖的叫楗。关闭门户都要用关楗，不用关楗而称“善闭”，那只有用无形的关楗（诚实）。以诚待人，别人绝不会背离，比用任何关楗都好；反之，不能推诚相与，再好的关楗也关不住人的。“结”，捆绑的意思。“绳约”就是绳索。打绑任何东西都要用绳索，不用绳索而称“善结”，那只有用无形的绳索（谦虚）。以谦虚待人，自然会产生向心力，而别人不会离去；反之，不能谦虚待人，任何绳索都束缚不住人。

“是谓袭明。”“袭”是承袭、保有的意思。“明”就是十六章“知常曰明”的“明”。“袭明”就是守本、得道的意思。

“善人者，不善人之师；不善人者，善人之资。”“资”，解作“取”，引申有借鉴的意思。善人可以教人为善，所以是“不善人之师”；不善人可以使人不为恶，所以是“善人之资”。孔子说：“择其善者而从之，其不善者而改之。”（《论语·述而》）和这个意思相通。

“不贵其师，不爱其资，虽智，大迷，是谓要妙。”“师”，指善人。“资”，指不善人。“大迷”，最大糊涂。“要”，精要玄妙。

【说明】

本章旨在教人顺应自然，因物为用，不可妄用私智，自作聪明。秦始皇得天下，发边戍、筑长城、修关塞，不过传了二世。武王伐纣，建比干的墓，设箕子的门，朝成汤的庙，发巨桥的米，散鹿台的钱，天下歌颂，传了三十四代。这是多好的证明啊！

第二十八章

知其雄，守其雌，为天下溪。为天下溪，常德不离，复归于婴儿。知其白，守其黑，为天下式。为天下式，常德不忒，复归于无极。知其荣，守其辱，为天下谷。为天下谷，常德乃足，复归于朴。朴散则为器，圣人用之，则为官长。故大制不割。

【译意】

知道雄壮刚强的好处，而宁愿处在雌伏柔弱的地位，这样，才可作为天下的溪壑，使众流汇注。能作为天下的溪壑，常德就不会散失，而复归于自然状态，就如同婴儿一样。知道清白的好处，而宁愿处在黑暗的地位，这样，就可以作为天下的法式。能作为天下的法式，常德就不会有差错，而复归于广大无穷的境界。知道荣显的好，而宁愿处在卑污的地位，这样，就可以成为天下的山谷，容纳天下的污垢。能成为天下的山谷，常德就会充足，而复归于质朴的状态。质朴散失了，就变成了各种器物，体道的圣人抱守住质朴，就能成为百官的首领。所以，大的体制是不容割裂的。完善的政治，也是要顺自然而行，无为而治，而不可设施造作、支离割裂。

【解析】

“知其雄，守其雌，为天下溪。”“雄”代表尊、刚、强等性。“雌”代表卑、柔、弱等性。“知雄守雌”就是知尊守卑、知刚守柔、知强守弱。老子认为宇宙间万事万物的发展，都是循环反复不已，在这个循环发展中，一切表面上刚的、强的，都要被摧毁；而柔的、弱的反而能生存。所以守雌、守柔、守弱才是求全之道，才是真正的刚，真正的强。“溪”，就是山涧。和下文“为天下谷”的“谷”字，都是比喻空虚卑下。

“为天下溪，常德不离，复归于婴儿。”“常德”，常久不变的德。“常道”、“常德”、“常名”，都是《老子》书中的常用语。“婴儿”，比喻纯朴自然。

“为天下式，常德不忒，复归于无极。”“忒”，差错的意思。“极”，穷尽的意思。“无极”，就是无穷无尽。因为道体无所不在，道用无穷无尽，所以“复归于无极”，就是复归于道。

“知其荣，守其辱，为天下谷。”“荣”，荣显的意思。“辱”，污辱的意思。谷中空虚，能够容纳污垢。所以“为天下谷”，就是能容纳天下污垢的意思。“受国之垢，是谓社稷主。”（七十八章）所以能“为天下谷”才具有为天下王的条件。

“朴散则为器，圣人用之，则为官长，故大制不割。”“朴”本来是未经雕琢的木，引申指道。因为道具有朴的特性，三十二章：“道常无名朴。”可以为证。所以朴可以代替道。“朴散则为器”表面上是说朴素的木经雕琢后变成器皿，实际上是说形而上的道经凿破后化为形而下的器物。“之”，指朴。“官长”，百官之长。是说圣人抱道守朴，就可以成为百官的首领。“大制”，就是大道。朴散为器，是道的过失，道的堕落。圣人守道抱朴，则能成为官长，由此可知，大道是不容割裂的。若大道割裂，圣人就不能守道抱朴了。

【说明】

本章旨在教人守柔不争，应用到政治上则为守朴无为。所谓“守雌”、“守黑”、“守辱”，并不是要人自居失败，而是要人由此而能“为天下溪”、“为天下式”、“为天下谷”，也就是说由此而能使“天下莫能与之争”（六十六章）。只是这个道理一般人不易明了而已。汉高祖为人倨傲无礼，几次派人请商山四皓，四皓就是不肯出来帮助他。太子刘盈（就是后来的汉惠帝）卑辞厚礼亲自去请，四皓终于答允相助。这不是一个很好的证明吗？

第二十九章

将欲取天下而为之，吾见其不得已。天下神器，不可为也。为者败之，执者失之。故物或行或随，或歔（xū）或吹，或强或羸，或陪或隳（huī）。是以圣人去甚，去奢，去泰。

【译意】

治理天下应该无为，想要以有为治理天下，我知道那是办不到的。天下是个很神妙的东西，治理它不能有为。有为的人，必定败乱天下；固执坚持有为的人，必定失掉天下。人的禀性情状各有不同，有的积极，有的消极；有的歔寒，有的吹暖；有的刚强，有的柔弱；有的增益，有的败坏。因此圣人治理天下，顺人情，依物势，以自然无为为治，而除去一切极端的、过分的措施。

【解析】

“将欲取天下而为之，吾见其不得已。”“取”，治理的意思。“取天下”，就是治理天下。“为”，作为的意思。“之”，指天下。下文“为者败之，执者失之”两个“之”字的解释和这个相同。“不得”，是说不可能。“已”和“也”字的用法相同，是句末语气词。圣人治理天下，都顺应自然，以无为为治。现在想要“为之”，当然就“不得已”。

“天下神器，不可为也。为者败之，执者失之。”“神器”，神圣贵重的器物。“为者”，是说有为的人。“执”，固执己见的意思。“执者”，是说固执坚持有为的人。“为者”如果能适可而止，或仅止于败乱天下，如果不能彻悟，固执有为，那就要失掉天下了。

“故物或行或随，或歔或吹，或强或羸，或陪或隳。”“故”，解作“夫”，是发语词，没有意思。“物”，指人，和二十四章“物或恶之”的“物”字意思相同。“随”，随行的意思。“或行或随”，是说有人喜欢领导前行，有人喜欢在后跟随。前行的人积极，后随的人消极，所以引申有积极、消极的意思。吐气使温叫“歔”，吐气使寒叫“吹”。“羸”，弱的意思。“陪”，增益的意思。王弼本原作“挫”，和下文“隳”字意思并不相对。《帛书老子》隶本作“陪”，和“隳”的意思正好相对，所以依据《帛书老子》隶本改作“陪”。“隳”和“堕”同，引申有毁坏的意思。

“是以圣人去甚，去奢，去泰。”“甚”、“奢”、“泰”意思相同，都是过分的意思。“去甚、去奢、去泰”，就是去私任物，顺自然而行。

【说明】

本章在说明治政的道理，全在自然无为，不固执己见，妄作妄为。因为人心不同，爱恶各异，如果固执有为，必定顾此失彼，不如去甚、去奢、去泰，“以百姓心为心”，则人民自然安宁。西汉初年，曹参继萧何为相国，以清静无为为治，天下大治，百姓歌颂不已。老子说：“无为之益，天下希及之？”（四十三章）真是一点也不错。

第三十章

以道佐人主者，不以兵强天下。其事好还。师之所处，荆棘生焉；大军之后，必有凶年。善者果而已，不敢以取强。果而勿矜，果而勿伐，果而勿骄。果而不得已，果而勿强。物壮则老，是谓不道，不道早已。

【译意】

用大道来辅佐君主的人，是不用兵力逞强于天下的。因为用兵力服人，很容易引起报复，这样的冤冤相报，永远也没有了结的时候。还有，大兵所到之处，耕稼都废弛了，弄得遍地都是荆棘。大战过后，水旱虫疫一起产生，一定会产生荒年。所以善于用兵的人，只求用兵力目的达到就算了，可不敢用来黩武逞强。目的达到了就不必自高自大，目的达到了也不必自吹自擂，目的达到了更不必自骄自傲。要知道达到目的也是出于不得已的，因此已经达到目的就不必逞强。万事万物，一到强大盛壮的时候，便开始衰弱老化，所以争胜逞强是不合于道的，不合于道的事，就如同暴风骤雨，很快就会消灭。

【解析】

“以道佐人主者，不以兵强天下，其事好还。”道以自然为主，以柔弱为用，而战争则起于自私、欲望，表现逞强好胜，完全和道的精神不合。所以，“以道佐人主者，”当然不会“以兵强天下”。否则，就违背道的精神了。“其事好还”，是说战争一事很容易循环报复。杀人家的父亲，人家也必定要杀他的父亲；杀人家的兄长，人家也必定要杀他的兄长，（《孟子·尽心下》）这就是“好还”。

“师之所处，荆棘生焉；大军之后，必有凶年。”“师”就是军队。“处”，动词，居住的意思。“所处”就是所到之处。“荆棘”都是有刺的树木，这里用来形容田地荒芜的情形。因为战火所到之处，必定伤害人民，残荒田地，所以说“荆棘生焉”。“大军”，大战的意思。“凶年”，就是荒年。大战之后，农民死伤，农事废弛，五谷不生，虫疫并行，必定产生荒年。

“善者果而已，不敢以取强。”“善者”，是说善于用兵的人。“者”字王弼本原作“有”，意思不太通顺，《帛书老子》篆本、隶本都作“者”，比“有”字要通畅得多，所以依据《帛书老子》改作“者”。“果”，效果，目的的意思。“取强”就是争强。是说善于用兵的人，只求达到目的，战胜敌方而已，是不敢用武力逞强于天下的。

“物壮则老，是谓不道，不道早已。”“壮”，强的意思。“不道”是说不合于道。“已”，止息、死亡的意思。万物强壮必趋于老死，这是自然现象。而道是主柔弱的，强壮则不合于道，不合于道必定早死。所以说“不道早已”。

【说明】

老子是主张谦下不争的，所以他反对战争。本章就在表现他的反战思想。所谓“其事好还。师之所处，荆棘生焉，大军之后，必有凶年”。这种战后的凄惨情景，就是他反战的理由。不过反战并不是主张投降，只是反对以武力侵略别人，所谓“不以兵强天下”而已，若是敌人来侵，总不能束手就擒，还是要抵抗的。不过这种用兵，只以击退敌人为目的，战胜了还不能自矜自伐，更不能骄傲，因为处于不得已的情形才用兵的，杀人伤命，哀怜还来不及，哪里还能够矜伐骄傲呢！

第三十一章

夫兵者不祥之器，物或恶之，故有道者不处。君子居则贵左，用兵则贵右。兵者，不祥之器，非君子之器，不得已而用之，恬淡为上。胜而不美，而美之者，是乐杀人。夫乐杀人者，则不可得志于天下矣。吉事尚左，凶事尚右，偏将军居左，上将军居右。言以丧礼处之。杀人之众，以悲哀立之，战胜，以丧礼处之。

【译意】

兵器武力是不吉祥的东西，一般人都厌恶它，所以有道的人都不肯使用。君子平常以左方为大，到用兵作战的时候，就以右方为大，这就是因为用兵作战要杀害生灵是属于凶事的关系。兵器武力实在是不吉祥的东西，君子心地仁慈，厌恶杀生，所以兵器武力不是他们所使用的东西。如果实在万不得已而要使用它，也要心平气和，只求达到目的就算了。战胜了也不必自认为了不起，如果自认为了不起，就是喜欢杀人了。喜欢杀人的人，人人厌恶，一定没有办法成为天下之主的。吉庆的事情都以左方为大，凶丧的事情都以右方为大。用兵作战时候偏将军在左方，上将军在右方，这是把战争当作丧事来看待。杀人多了，要以悲哀的心情来悼念他们，即使打胜了，也要以丧事来处理。

【解析】

“夫兵者不祥之器，物或恶之，故有道者不处。”“兵”，泛称武器，引申指武力。王弼本原作“夫佳兵者”，“兵”上有一个“佳”字，意思很难通。有人以为“佳”字是“住”字的错误，但作“住”字也不好懂。《帛书老子》篆本和隶本都作“夫兵者”，意思很通畅，所以就依据《帛书老子》删去“佳”字。兵器易伤人，所以称为“不祥之器”。“物”，指人。

“君子居则贵左，用兵则贵右。”“居”，平居、平常的意思。“贵”，崇尚、重视的意思。周代中原诸侯以右为大，用兵时刚好相反，以左为大，所以主帅在左方，右方为武士。而蛮夷之国以左为大，“左衽”就是一个例子。老子是楚国人，楚国在周代还是蛮夷之国，所以“君子居则贵左，用兵则贵右”，恐怕是楚国的情形。

“恬淡为上。”“恬淡”，心平气和的意思，就是前章“不敢以取强”的意思。

“胜而不美，而美之者，是乐杀人。”“美”，夸耀骄傲的意思。“胜而不美”就是上章的“果而勿矜，果而勿伐，果而勿骄”。

“夫乐杀人者，则不可得志于天下矣。”兵是人人厌恶的，喜欢杀人就是喜欢兵，喜欢兵就是与众为敌，与众为敌的人怎么能够得志于天下呢？战国时代梁襄王曾经问孟子：“天下如何才能安定？”孟子回答说：“统一就能安定。”襄王又问：“谁能统一天下？”孟子说：“不喜欢杀人的人就能统一天下。”（《孟子·梁惠王上》）老子认为喜欢杀人的不能得志于天下，孟子认为不喜欢杀人的人才能统一天下，老子、孟子思想各异，但是反对用兵、反对杀人这一点则完全相同。

“杀人之众，以悲哀立之，战胜，以丧礼处之。”杀人不仅不能以为乐趣，杀人众多，还要以悲哀的心情来悼念，这是一种悲天悯人的胸怀。“立”，王弼本原作“泣”，意思不很通畅，《帛书老子》篆本和隶本都作“立”，解作“莅”，莅临的意思。

【说明】

本章和上章一样，也是表现老子反战思想的。“兵”是不祥的东西，一般人都厌恶，何况是有道之士的老子呢！孔子到卫国，卫灵公问他战阵的事情，孔子回答说：“祭祀的礼节，我是学过的；战阵的事情，没有学过。”第二天就急急地离开了卫国（《论语·卫灵公》）。孟子曾经说：“善于作战的人，要受最重的惩罚。”（《孟子·离娄下》）可见儒、道二家思想虽有不同，但反对战争则完全是一样的。

第三十二章

道常无名，朴。虽小，天下莫能臣也。侯王若能守之，万物将自宾。天地相合，以降甘露，民莫之令而自均。始制有名。名亦既有，夫亦将知止，知止所以不殆。譬道之在天下，犹川谷之于江海。

【译意】

道不可见，不可闻，不可抟，所以是永远没有名称的，也是永远质朴自然的。它虽然隐微，但是天下却没有人能够轻视他、指使他。侯王如果能抱守住它，万民都将自动地归服。天地的阴阳二气相合，就降下了甘露，人们并不需要指使它、控制它，它就会很均匀。道生万物，因任自然，毫无私心，就如天降甘露一样，也是非常公平的。但道创造了万物，万物就有了名称。名称有了后，愈衍愈多，纷争也就随之而产生，所以要知道适可而止。知道适可而止，就不会有危险了。道在天下，对万物来说，就好像江海对于川谷一样。江海是百川的归宗，道也是万物的归趋。

【解析】

“道常无名，朴。虽小，天下莫能臣也。”“道常无名”，道体虚无隐微，所以无名。四十一章说：“道隐无名。”可以证明。“朴”，本指未经雕琢的原木，这里用来形容道体，所以可解释为质朴自然。“无名”和“朴”都是道的性质。“小”是形容道的隐微。“臣”，动词，臣服、指使的意思。道是万物的根源，万物只能从道、体道，而不能臣服道。

“侯王若能守之，万物将自宾。”“之”，指道。“宾”，动词，服从的意思。道是万物之母，侯王守道，就也成为万物之主，万物当然自动服从。

“天地相合，以降甘露，民莫之令而自均。”“天地相合”，指天地阴阳之气相合。“之”，指甘露。“自均”，自然均匀的意思。天降甘露，周遍均匀，万物都能得滋润，这不是人力所能干预的，而完全自然而已。道生万物，也是本诸自然，所以万物各得其养。治国的人如能效法天道，顺应自然，无私无欲，不造不设，万民自然各得其所，而无不服从了。

“始制有名。名亦既有，夫亦将知止，知止所以不殆。”“制”是创造的意思。“始制有名”，是说道本无名，而万物开始创生遂有名称。但名称有了以后，必将愈衍愈繁，愈出愈奇，终而离本愈远，所以要“知止”。“知止”实际上就是守道，守道则万物宾服，所以说“知止所以不殆”。“所”，王弼本原作“可”，但注说：“知止所以不殆。”《帛书老子》篆本和隶本都作“所”，所以据《帛书老子》改作“所”。“殆”，危险的意思。

“譬道之在天下，犹川谷之与江海。”道在天下，对万物而言，其关系犹如江海之与川谷一样。这一句话语法比较奇特，文字也有简省，所以意义不容易弄清楚。江海为百谷之王，百川的水，最后都要汇归江海。所以就拿川谷和江海的关系，来比喻万物和道的关系。“与”，王弼本原作“于”，但注说:“犹川谷之与江海。”《帛书老子》篆本、隶本都作“与”，所以就依据《帛书老子》改作“与”。

【说明】

本章在说明道有无名、朴两个特性，所以天下万物都臣服于道。侯王若能守道，也就是守无名和朴，万物将自动归服。但万物有名，而且名愈衍愈多，侯王不能守无名，只好不让名繁衍滋生，这叫做知止，而知止也就可以消极地避免危险了。

第三十三章

知人者智，自知者明。胜人者有力，自胜者强。知足者富，强行者有志。不失其所者久，死而不亡者寿。

【译意】

能够了解别人优劣长短的，只可算是聪慧；能够认识自己本心本性的，才可算是清明。能够战胜别人的，只可算是有力；能够克服自己的，才可算是坚强。能够知足而淡泊财物的，便可算是富有；能够体道而强行不息的，便可算是有志。以道为本而紧守不失的，便可算是长久；身虽死亡而精神不朽的，便可算是长寿。

【解析】

“知人者智，自知者明。”知人需要识别察辨的能力，自知则需要内省返照的功夫。识别仅需要智慧，而内省则需要除情去欲，克己灭私，所以“自知”比“知人”更难。一个人的眼睛能看到百步之外，但却看不到自己的睫毛；能看到别人些微的瑕疵，但却看不到自己很大的过失，就是证明。同时，“知人”愈多，自己损失的也愈多；但“自知”越久，越能增进自己的道德，提升自己的境界，从前有人把“智”比作蜡烛，把“明”比作镜子，正是因为蜡烛愈烧愈短，而镜子愈擦愈光。这就是老子为什么轻视“智”而重视“明”的原因了。

“胜人者有力，自胜者强。”“强”是五十二章“守柔曰强”的强，不是七十六章“坚强者死之徒”的强。每一个人都有私、有欲，要想去私、去欲，力气是没有用的，必须先自反自省，然后自清自虚，而这反省、清虚的功夫，正是困难的地方，所以古人说：“破山中贼易，破心中贼难。”就是这个道理。能够自反自省，自清自虚，当然可以算是一位强者了。

“知足者富。”这是指财货而言。因为人的欲望深如溪壑，纵使日进万金，也难满足，因此造成“众人熙熙，皆以利来；众人攘攘，皆以利往”的情形。反之，如果能淡泊寡欲，那么纵使粗茶淡饭，也乐在其中。所以知足就绰然富裕了。

“强行者有志。”“强行”，就是四十一章的“勤而行之”，因为精微玄妙的道，固然要领悟，更重要的还在身体力行。所以老子说：“上士闻道，勤而行之。”但越是高远的理想，追求时所遇到的阻碍越多，何况是精微玄妙的大道。如果稍遇挫折，便半途而废，必将前功尽弃。因此必须要愈挫愈奋，再接再厉，直至“死而后已”，这样才有成功的一天，而这样也才能算是“有志”。

“不失其所者久。”“所”，本指处所，引申有根本的意思。鱼生在水里，离水必死；树生在土中，离土必亡。万物都是由道而生，所以必须守道而行，才能长久。如果妄作妄为，倒行逆施，那便是日暮途穷的时候，离死亡已不远了。

“死而不亡者寿。”人有生必有死，这是自然的情形，不必悲哀，也不必恐惧，重要的是如何建立人生永久的价值，这个永久的价值建立了，则人虽死犹生，这就是“不朽”，也就是“寿”。如文天祥、史可法、吴凤等便是。儒家的三不朽，是立德、立功、立言，而道家的不朽，则全在一个“道”字。如果能够得道，那么身虽死，而道犹存，这就是不朽，也就是“寿”了。

【说明】

本章可说是老子的人生论，他特别注重“自知”、“自胜”、“知足”和“强行”。做到以上几点，就可以算是得道了。如果能坚守而不失去，所谓“不失其所”，就能够长生久视，能够长生久视，就可以“死而不亡”、精神不朽了。本章的每一句都意义深远，值得再三玩味。

第三十四章

大道泛兮，其可左右。万物恃之而生而不辞，功成不名有，衣养万物而不为主。常无欲，可名于小；万物归焉而不为主，可名于大。以其终不自为大，故能成其大。

【译意】

大道流行泛滥，可左可右，无远不到，无所不至。万物都靠着它而生长，它却默无一言；它成就了万物，却不居其功；养育了万物，却不主宰它们。它一直没有私心，没有欲望，隐微虚无，可以说它很微小；但它的作用无穷，万物都以它为依归，而它并不主宰万物，又可以说它很伟大。正因为它不自认为伟大，所以能够成就它的伟大。

【解析】

“大道泛兮，其可左右。”“泛”，泛滥流行的意思。“其”，指道。“左右”，是说上下四方无所不至。道的作用广大而普遍，无远弗届，无所不至。《庄子·知北游》中记载庄子和东郭子的一段对话，可以作为说明。东郭子问庄子：“道在哪里？”庄子说：“道无所不在”东郭子说：“请指明一个地方吧。”庄子说：“在蝼蚁身上。”东郭子说：“怎么这么卑下呢？”庄子说：“在砖瓦那面。”东郭子说：“怎么越来越卑下呢？”庄子说：“在屎溺那面。”东郭子不讲话了。庄子说：“你不要固执成见，天地间没有一样东西没有道。”

“万物恃之而生而不辞，功成不名有，衣养万物而不为主。”“恃”，依赖的意思。“不辞”，就是不说话。孔子曾说：“天何言哉？四时行焉，百物生焉。”（《论语·阳货》）天不言而万物生长，道也是如此。“不名有”，不居其名的意思，就是第二章的“功成而弗居”。“衣养”，蒙被养育的意思。“衣养万物而不为主”就是第十章的“长而不宰”。

“常无欲，可名于小；万物归焉而不为主，可名于大。”“无欲”，就是无私。“于”，语词，没有意思。道生万物，由于无私、无欲，所以“不辞”、“不名有”、“不为主”，万物各得其所，各遂其生，好像道对万物无所施与，无所作为，所以“可名于小”。但万物依归它，而道竟然“不辞”、“不名有”、“不为主”，所以

“可名于大”。“可名于大”的“于”，王弼本原作“为”，但注说：“复可名于大。”而《帛书老子》篆本及隶本都作“于”，所以依据《帛书老子》改作“于”。

【说明】

本章在说明道体的作用，无所不至。万物恃道而生，恃道以成，而道不有不主，无为无欲，完全任万物的自然发展。就无为无欲这一方面看，道可称为小，但就不有不主这一方面看，道就可称为大了。但正因为它不自认为伟大，反而更显得它伟大。道固如此，人又何尝不然。我们看有功的人，愈是谦虚，愈显得有功；如果稍有贡献，便自夸自傲，不仅显不出他的功劳，反而会引起人家的反感呢！

第三十五章

执大象，天下往。往而不害，安平太。乐与饵，过客止。道之出口，淡乎其无味，视之不足见，听之不足闻，用之不可既。

【译意】

一个君主治理政治，如果能够抱守着大道，处无为之事，行不言之教，天下人都将会投奔他。投奔他而受不到一点伤害，那么，天下就太平安宁了。悦耳的音乐，快口的美味，能够引得过路的人止步，但道用言语表示出来，却是淡而无味。它没有形体，看也看不到；没有声音，听也听不到，可是却取之不尽，用之不竭。所以有施有为，就如音乐和美味，只能满足人的耳目口腹之欲；而道清静无为，虽无声无味，却能使人长久安适。

【解析】

“执大象，天下往。往而不害，安平太。”“执”，抱守、秉持的意思。“大象”，喻大道。四十一章说：“大象无形。”最大的物象是没有形体的，道没有形体，但无处不在，所以称为“大象”。“天下”，是“天下人”的省略说法。“安”，作“乃”讲，相当于口语的“于是”或“就”。

“乐与饵，过客止。”“乐”就是音乐。“饵”，本来的意思是果饵，引申指一切美好的食物。乐有声，饵有味，以反喻道的无声无味。乐与饵能令过路的人停止，而大道却令天下人归往。

“道之出口，淡乎其无味，视之不足见，听之不足闻，用之不可既。”“出口”，是说用嘴讲出来，也就是形之于言语的意思。《帛书老子》篆本和隶本都作“出言”，可证“出口”就是“出言”的意思。“淡乎其无味，视之不足见，听之不足闻”是对“乐与饵”而言，因为乐有声，饵有味、有形。“既”，作“已”讲，就是尽的意思。“不可既”，王弼本原作“不足既”，但注文说：“用之不可穷极也。”而《帛书老子》篆本和隶本都作“不可既”，由此知道王弼本原作“不可既”。因涉上文“不足见”、“不足闻”而错误，所以依据《帛书老子》改作“不可既”。

【说明】

本章是用有声有味的“乐与饵”，和无声无味的道作一比较，而要人君抱守大道，以使天下太平康乐。就体而言，乐与饵有声、有味、有形，道则无声、无味、无形。就用而之，“乐与饵”有穷，而道无尽。就效果而言，乐与饵仅能“过客止”，而道却可使“天下往”。其所以如此，是因为乐与饵仅能满足人的耳目口腹之欲，而道却能使人感到心灵上满足、精神上愉悦。同时，“五音令人耳聋，五味令人口爽。”（十二章）乐与饵能使人得到反效果，而道却能使人“安平太”，永久平安康乐。一般人只知道乐与饵的好处，却不知大道的好处超过乐与饵很远很远。

第三十六章

将欲歙（xī）之，必固张之；将欲弱之，必固强之；将欲废之，必固举之；将欲夺之，必固与之。是谓微明。柔弱胜刚强。鱼不可脱于渊，国之利器，不可以示人。

【译意】

物极必反，势强必弱，这是自然的现象，不易的道理。明了这个道理，而加以运用，那么，就无往而不利了。所以对任何事物，将要收缩他，必定先使他扩张；将欲削弱他，必定先使他坚强；将要废弃他，必定先提举他；将要夺取他，必定先给与他。这种道理，看似隐微，其实很明显，那只是柔弱胜刚强罢了。渊是鱼生存的根本，鱼不能离开渊，离开渊必定干死。柔弱是治国的根本，治国不用柔弱，必定灭亡。至于权谋、刑罚，都是凶利的东西，连显示给人看都不可以，哪里还能够施之于人民呢！

【解析】

“将欲歙之，必固张之。”“歙”，收缩的意思。“固”，定的意思。越王勾践要灭掉吴国，先劝吴王攻伐齐国，胜了齐国，又劝吴王和晋国在黄池之会上争霸。这些目的都达到了后，吴王日渐骄奢，似张而实歙，于是越王一举而消灭了吴国。这就是“将欲歙之，必固张之”的实例。

“将欲弱之，必固强之。”“弱”和“强”都是动词。春秋时，郑庄公要消灭共叔段，给他很大的土地、众多的人民，使他终于起了反叛的念头，然后庄公发兵一举而扑灭了他。这就是“将欲弱之，必固强之”的实例。

“将欲废之，必固举之。”“废”，废弃的意思。“举”，提举的意思。王弼本原作“兴”，和下文“与”不押韵，所以依据前人的说法改作“举”。春秋初期，楚国想入侵汉水东面国家，于是首先攻打最大的随国。随侯派遣少师来谈判，顺便一探楚军的虚实，楚国有意示弱，把精锐的军队调开，把些老弱残兵破旧的器械给他看，随侯于是不把楚军放在心上，并且渐渐离弃了附近的小国，于是不久，楚国就把随国灭掉了。这就是“将欲废之，必固举之”的实例。

“将欲夺之，必固与之。”春秋时晋献公将要灭掉虞国，先送给虞君大璧和宝马，请借路让军队通过攻打虢国，虞公贪图璧和马，就答应借路。晋国在灭掉虢国以后，回师经过虞国，就顺手把虞国消灭掉了。这就是“将欲夺之，必固与之”的实例。

“是谓微明，柔弱胜刚强。”“微”，隐微的意思。“明”，显明的意思。是说以上这种消息盈虚的道理，似乎很隐微，而实际上很显明，那就是柔弱胜刚强罢了。

“鱼不可脱于渊，国之利器，不可以示人。”渊代表水，以喻柔弱。渊是鱼生存的根本，以喻柔弱是人主治国的根本。“利器”，锐利的东西，指权谋刑罚等。人主治国，应以谦下柔弱为本，如果用权谋刑罚逞强，轻则亡身，重则国灭。所以说：“不可以示人。”连“示人”都不可以，更不要说施用了。

【说明】

本章在说明柔弱的益处，反过来说，也是在说明刚强的害处。无论动物植物，生时柔弱，死时坚强。人人厌恶柔弱，喜欢刚强，却不知道柔生刚死，弱存强亡的道理，多么可怜。人君如果明了这个道理，善加运用，则可以柔克刚，以弱胜强了。

很多人看了这段文字，便认为老子是阴谋家，如宋代的王应麟就说：“老子曰：‘将欲歙之，必固张之，将欲夺之，必固予之。’这是阴谋家的话，范蠡用这个道理以取吴国，张良用这个道理以灭项羽。”（《汉书艺文志考证》）其实，予夺，歙张，是自然的道理，老子只不过把这个道理说出来罢了。老子政治思想一向主张无为自然，怎么会教人耍权弄术，崇尚阴谋呢？

第三十七章

道常无为而无不为，侯王若能守之，万物将自化。化而欲作，吾将镇之以无名之朴。镇之以无名之朴，夫亦将无欲。不欲以静，天下将自正。

【译意】

道体顺应自然，不造不设，好像是无所作为；但是万物都由道而生，恃道而长，实际上是无所不为。治理国家的人如果能够抱守着它，也以无为为用，万物都将各遂其性地自生自长，自然衍化。但万物在生长衍化的过程中，难免会产生私心欲念，而破坏社会的自然秩序，那时候，我将用道的本质“无名之朴”来镇服。用“无名之朴”来镇服，万物就将没有私欲了，万物没有私欲而能清静，天下自然就会复归于正常。

【解析】

“道常无为而无不为，侯王若能守之，万物将自化。”道体虚静，顺应自然而心生，所以说“无为”。但万物恃道而生，因道而成，所以说“无不为”。“无为”是就道的作用方式而言，“无不为”是就道的作用效果而言。“侯王”，指执政的人。“之”，指道。“自化”，自然衍化的意思，也就是说顺着本性发展。

“化而欲作，吾将镇之以无名之朴。”“欲”指欲望、私欲。“作”，产生的意思。“镇”，镇压、遏阻的意思。“无名之朴”中“朴”是道的本质，道既无名（三十二章：“道常无名”），所以朴也无名。这句是说万物在衍化的过程里，如果有欲望产生，我将用无名的朴来镇服它。

“镇之以无名之朴，夫亦将无欲。”“镇之以无名之朴”这句话，王弼本原作“无名之朴”，没有“镇之以”三个字，后来的人都认为“无名之朴”四个字是多的，大多把它删去，但《帛书老子》篆本和隶本“无名之朴”四字上有“镇之以”三个字，才知道原文是缺掉这三个字了。所以依据《帛书老子》补上这三个字。“夫”，指上文“万物”。

“不欲以静，天下将自正。”“以”，连接词，而的意思。“自正”，王弼本原作“自定”，《帛书老子》篆本和隶本都作“自正”。又五十七章说：“我好静而民自正。”由此知道《老子》原文作“自正”，王弼本误作“自定”，现在依据《帛书老子》改作“自正”。这句是说我没有私欲而能虚静，那么万物自然复归于正常。

【说明】

本章在说明“无为”的好处。“道常无为”，治政的人守道而行，也应该以“无为”为治政的方法。道“无为”，其结果是“无不为”，人君“无为”，结果是“万物自化”，这也就是“无不为”了。即使万物私欲萌生，人君还不能“有为”，要用“无名之朴”来救治，这“无名之朴”实际上还是“无为”。由此可知“无为”这一个词，在老子思想中地位的重要了。

第三十八章

上德不德，是以有德；下德不失德，是以无德。上德无为而无以为，上仁为之而无以为，上义为之而有以为，上礼为之而莫之应，则攘臂而扔之。故失道而后德，失德而后仁，失仁而后义，失义而后礼。夫礼者，忠信之薄，而乱之首；前识者，道之华，而愚之始。是以大丈夫处其厚，不居其薄；处其实，不居其华；故去彼取此。

【译意】

上德的人，一切依道而行，无心施德，所以反而有德；下德的人，造作设施，有心施德，所以反而没有德。上德的人，顺应自然，既无所作为，也无心于作为，上仁的人，虽有作为，但都是出于爱心，是无所为而为。上义的人，凡事都要计较曲直是非，一切作为，都是有所为而为。上礼的人，造作各种礼仪节度，并亲身实行，如果得不到响应，便伸出手臂来，拉人来强行。所以道不能行了然后才有德，德不能行了然后才有仁，仁不能行了然后才有义，义不能行了然后才有礼。由道演变到礼，越变离道越远，越变越失其纯真质朴。而礼的产生，是人性由淳厚趋于浇薄的表现，社会由平静进入混乱的开始。而那些自认为先知先觉的智者，违道离德，弃朴失真，则是大道的末流，愚昧的本源。所以大丈夫立身处世，以忠信为主，而不重视礼节；以质朴为本，而不注意华采。所以舍弃浇薄浮华，而取用淳厚质朴。

【解析】

“上德不德，是以有德；下德不失德，是以无德。”“上德”，指上德的国君。下文“下德”、“上仁”、“上义”、“上礼”，也都是指国君而言。“不德”是不施德、不自以有德的意思。“不失德”是有心施德、自以为有德的意思。“上德”和“下德”的分别，在于有心于德和无心于德，其结果是一个有德，一个无德。第二章说：“夫唯弗居，是以不去。”第七章说：“非以其无私耶？故能成其私。”正可以说明这个道理。

“上德无为而无以为，上仁为之而无以为，上义为之而有以为。”“无为”，无所施为的意思，指表现而言。“无以为”，无心作为的意思，指居心而言，这句是说上德的人既无所作为，也无心于作为，彻头彻尾顺应自然。在这一句的下面，“上仁”句的上面，王弼本原有“下德为之而有以为”一句，和上下文的文意有点矛盾，后人虽把“为之”改作“无为”，还是不十分通畅，现在看到的《帛书老子》篆本和隶本都没有这一句，才知道王弼本这一句是多出来的，现在依据《帛书老子》把它删掉。“为之”，有所作为的意思。上仁立教施化，这是有为，比无为要低一层，但上仁至诚无妄，全没有一点私心，所以虽有作为，也是无心作为。上仁和上德的分别，就在于“有为”和“无为”。“有以为”，有心作为的意思。“义”是合宜的意思，行其所当行，为其所当为，叫做合宜，但什么是当行，什么是当为，在行为之前，自己必定已经有了一个准则，如此说来，这该是有所为而为了。上义和上仁的分别，就在于“无以为”和“有以为”。

“上礼为之而莫之应，则攘臂而扔之。”“应”是响应的意思。“莫之应”是“莫应之”的倒装。“攘臂”，举臂的意思。“扔”，引的意思。上礼的国君造作各种礼仪节度，教人实行，如果没有人响应，便要举臂伸手来拉人强行。

“夫礼者，忠信之薄，而乱之首；前识者，道之华，而愚之始。”“忠信”，质朴的意思。“薄”，衰薄的意思。礼的表现在于盘旋揖让、应对进退，这些都是外表的文饰，这些繁文缛节流行了，那么人的质朴的本性就湮没了，而虚伪巧诈也就产生了。所以说是“忠信之薄，而乱之首”。“前识”，相当于“先知先觉”，指智者而言。“华”，对“实”而言，表、末的意思。自以为先知先觉的智者，任智取巧，违离道本，实在是愚昧的根源。所以说“道之华，而愚之始”。

“是以大丈夫处其厚，不居其薄；处其实，不居其华；故去彼取此。”“大丈夫”，指从事于道的人，和《孟子》书中的大丈夫不同。“厚”，指“忠信”。“薄”，指“礼”。“实”，指“道”。“华”，指“智”。“彼”指“薄”和“华”，“此”指“厚”和“实”。这是说从事于道的人抱守纯厚的本质，不要浮华的礼节；紧守质朴的大道，不要虚伪的智巧。所以舍弃礼智的浮华，取用道德的厚实。

【说明】

本章在论道德修养。老子把道德修养分成六等，那就是道、德、仁、义、礼、智。合于“道”的社会当然最好，在那个社会中，人人不识不知，无私无欲，无为无事，一切顺自然而行。等到“道”失去以后，于是而有“德”，于是而有“仁”，一直到“礼”和“智”。在一般人看来，这是进步；但在老子看来，这却是退步、堕落。当社会堕落到需要用“礼”和“智”维系的时候，祸乱蜂起，诈伪丛生，已经是不堪设想的时候了，但谁会想到今天的社会，“礼”、“智”已失去其作用，而必须求之于法令刑赏，甚至连法令刑赏都不足以维系了。回顾过去，瞻望未来，真是令人不寒而栗。

第三十九章

昔之得一者，天得一以清，地得一以宁，神得一以灵，谷得一以盈，万物得一以生，侯王得一以为天下贞。其致之，天无以清将恐裂，地无以宁将恐发，神无以灵将恐歇，谷无以盈将恐竭，万物无以生将恐灭，侯王无以贵高将恐蹶。故贵以贱为本，高以下为基。是以侯王自谓孤、寡、不穀，此非以贱为本邪？非乎？故至誉无誉。不欲琭琭（lù）如玉，珞珞（luò）如石。

【译意】

“道”是天地万物生成的总原理，“一”是“道”所生，它也可以代表“道”。自古以来，凡是得到“一”的，其情形是这样的：天得到“一”因而清明，地得到“一”因而宁静，神得到“一”因而虚灵，谷得到“一”因而充盈，万物得到“一”因而化生，侯王得到“一”因而成为天下的典范标准。这些都是由于得到“一”才有的。天不能清明，恐怕就要崩塌；地不能宁静，恐怕就要覆灭；神不能虚灵，恐怕就要消失；谷不能充盈，恐怕就要枯竭；万物不能生长，恐怕就要绝灭；侯王不能成为天下典范标准，恐怕就要颠覆灭亡。贵以贱作为根本，高以下作为基础，因此，侯王们自称“孤”、“寡”、“不穀”，以示谦下，这不是贵以贱为根本吗？难道不是吗？所以世上最好的称誉就是没有称誉，因为有了称誉，毁谤也就随之而来了。不要像美玉一样的璀璨明亮、受人重视；而要像石头一样的暗淡无光、为人忽视。

【解析】

“昔之得一者。”“一”是数目的开始，“道”是万物的本根，所以老子用“一”来比喻“道”。二十二章说：“圣人抱一为天下式。”“抱一”就是抱道，这里的“得一”也就是得道。

“谷得一以盈，万物得一以生，侯王得一以为天下贞。”“谷”，本指山谷，引申指一切河川。“侯王”，指君主。“贞”，解作“正”，表率、准则的意思。

“其致之。”“其”指“一”；“之”，此的意思，指清、宁、灵、盈、生、贞。这句是说天能清、地能宁、神能灵、谷能盈、万物能生，侯王能为天下贞，都是“一”使其如此。

“天无以清将恐裂，地无以宁将恐发，神无以灵将恐歇。”“无以”，不能的意思。“裂”，崩裂、崩塌的意思。“发”、就是“废”，崩毁的意思。“歇”，消失的意思。

“侯王无以贵高将恐蹶。”“贵”，显贵的意思，对“贱”而言。“高”，崇高的意思，对“下”而言。“蹶”，颠仆的意思，这里指失去侯王的地位。

“故贵以贱为本，高以下为基。”“故”，发语词，和“夫”同。“贵”和“贱”，“高”和“下”都是相对而成，我之所以高贵，那是由于别人的贱下，如果没有别人的贱下，我如何高贵得起来？明了这个道理，高贵者也就不必骄傲了。再者，高贵的究竟占少数，贱下的究竟占多数，就好像塔尖只有一个，而这一个塔尖是由下面很多层叠起来的。第一名只有一个，而这一个第一名是由二、三、四直至最后一名抬起来的，如果高贵的瞧不起甚至欺凌贱下的，那不是等于塔尖不要塔底，第一名不要以后名次的人一样的可笑吗？

“是以侯王自谓孤、寡、不穀，此非以贱为本邪？非乎？”“孤”，孤独无德的意思。“寡”，寡德之人的意思。“穀”，解作“善”，“不穀”，不善的意思。“孤”、“寡”、“不穀”，都是古代君主表示谦虚，用来称自己的。这是以谦虚为怀的表现，也就是“以贱为本”的意思了。

“故至誉无誉。”“至誉”，最好的赞誉。这句是说最好的称誉就是没有称誉。因为老子既不主张有贤名，同时受到称誉的也未必是最好的，以国君为例，第十七章说：“太上，下知有之；其次，亲而誉之。”受到称誉的国君反而在没有受到称誉的国君之下。就以玉和石为例，人人都赞美玉，都漠视石头，但石头的价值远超过玉，所以下文老子说：“不欲琭琭如玉，珞珞如石。”又“至誉无誉”这一句，王弼本原作“故致数舆无舆”，意思很难懂。“致”当是“至”的错字，《帛书老子》隶本就作“至”。“数”是多出来的字。“舆”当是“誉”字的错字。现在参考前人的说法，改作“故至誉无誉”。

“不欲琭琭如玉，珞珞如石。”“琭琭”，玉美的样子。“珞珞”，石头坚固的样子。老子恶“贵”、重“贱”，而玉贵石贱，所以不欲“琭琭如玉”，为人所贵，而欲“珞珞如石”，为人所贱。

【说明】

本章在说明“一”字的重要，并进而说明侯王“抱一为天下式”，应特别注意谦下退让。“一”是道所生，所以“一”可以代表道。它是绝对的，也是唯一的，庄子说它由“无”而生（《庄子·天地》），那么未有天地万物之前就有了它。天地万物都是由于得到了它，才能成其伟大，侯王也是由于得到了它，才能成就其高贵。但是任何高贵的事物，都扎根、奠基于贱下的事物之上的，如果没有贱下做基础，也就没有所谓的高贵了。明了这个道理，侯王就应该谦下退让，自处于卑贱，做一个没有称誉的国君，就像暗淡无光的石头一样，这样才是一个真正有价值的君主，也才能永保其禄位。

第四十章

反者道之动；弱者道之用。天下万物生于有，有生于无。

【译意】

道的运行反复循环，道的作用柔弱谦下，“无”是道之体，“有”是道之用。天下万物是从“有”而产生的，而“有”却产生于“无”。

【解析】

“反者道之动。”“反”字的意义有三：一是相反相成，二是反向运动，三是循环反复。试分别说明于下：

1. 相反相成。老子以为道体自身独立超然，而宇宙一切现象，都是由相反对立的形态所构成，有美就不能没有丑，有善就不能没有恶，所以老子说：“天下皆知美为美，斯恶矣；皆知善之为善，斯不善矣。”（二章）道德经里的相对词特别多，前面已经列举（见二章解析），这里不再多说。宇宙万物固然相反对立，也相辅相成，所以老子说：“善人者，不善人之师；不善人者，善人之资。”（二十七章）善人是不善人的老师，不善人是善人的借鉴，这不正是相反相成吗？矛和盾是对立的，但没有矛，盾就失去作用了。以猫和鼠为例，猫的价值在捕鼠，假定世界上的鼠都死光了，猫也就失去它的价值了。所谓“狡兔死，走狗烹；飞鸟尽，良弓藏”就是这个道理。

2. 反向运动。宇宙间万事万物固然无不相反对立，但老子却特别重视负面的、反面的价值。因为在万事万物的变化中，刚的必定遭到摧毁，强的必定受到挫折，所谓“坚则毁矣，锐则挫矣”（《庄子·天下》），所谓“兵强则不胜，木强则兵”（七十六章）。而柔弱的反而能够得以生存，所谓“曲则全，枉则直，洼则盈，敝则新”（二十二章）就是这个道理。由此可知，负面的反而胜过正面的，柔弱的反胜过刚强的。所以老子说：“柔弱胜刚强。”（三十六章）又说：“牝常以静胜牡。”

3. 循环反复。“相反相成”、“反向运动”，固然是宇宙万物生成变化的法则，但这个法则的极致，还在于“循环反复”，而“反者道之动”这句话的精神就在于此，因为道的运动，就是反复不已的，老子曾说：“有物混成，先天地生。……大曰逝，逝曰远，远曰反。”（二十五章）正因为道周流不息，回运不已，才能成就绵延不尽的生命，也才能成为万物依循的常轨。宇宙万物由道所创生，最后也要返回他们的本源——道。这就好像是花叶由根而生，最后复归于根；浪涛由水而成，最后复归于水。十六章说："夫物芸芸，各复归其根。归根曰静，是谓复命。复命曰常。"万物"归根"，也可以说是回复于本性，这种活动，正是大道运行的常轨。循环反复既然是一种自然律，是万物共同遵守的法则，人世间的一切，自然也不能例外，所以老子说："祸兮福之所倚，福兮祸之所伏。"（五十八章）又说："正复为奇，善复为妖。"（同上）儒家所谓"剥极必复"、"否极泰来"，和这个是同样的道理。这是宇宙的奥秘，也是不变的常轨。

"弱者道之用。""弱"是柔弱的意思，这里代表所有负面的、反面的，如虚、静、卑、下、曲、枉、洼、敝、辱、黑、退、后等。这句话和上句"反者道之动"第二层"反向运动"的意思相通，"道之动"是就作用的方式而言，"道之用"是就作用的性质而言，这是二者不同的地方。在天上以风最为柔弱，遇到阻碍就转向，再小的孔隙也能屈身通过，但却能拔树倒屋，所向披靡。在地下以水最为弱柔，决诸东方则东流，决诸西方则西流，在方则方，在圆则圆，但却能怀山襄陵，无坚不摧。在人间以婴儿最为柔弱，混沌无知，毫无自卫能力，但却是生机充沛，"蜂虿虺蛇不螫，攫鸟猛兽不搏。"并且能使得人人喜爱他、保护他。自然界和人世间的情形都是如此，由此当可明了"弱者道之用"的精神所在了。所以老子说："柔弱胜刚强。"（三十六章）又说："天下之至柔，驰骋天下之至坚。"（四十三章）又说："天下莫柔弱于水，而攻坚强者莫之能胜。”（七十八章）因为弱是道之用，柔弱能够胜刚强，所以老子要人守柔处弱，教人谦下退让。以柔克刚，以弱胜强，以谦下得益，以退让居先。他说：“守柔曰强。”（五十二章）又说：“将欲歙之，必固张之；将欲弱之，必固强之；将欲废之，必固举之；将欲夺之，必固与之。”（三十六章）又说：“知其雄，守其雌，为天下溪；知其白，守其黑，为天下式；知其荣，守其辱，为天下谷。”（二十八章）又说：“后其身而身先，外其身而身存。”（七章）这类文字，《老子》书中处处皆是，真是举不胜举，这些文字可以说是《道德经》全书的骨干，而这些文字的枢纽，就是“弱者道之用”一句话，由此可知这一句话在老子思想中的重要性了。

“天下万物生于有，有生于无。”老子书中同时提到“有”和“无”的文字，一共有四章，它们是第一章“无，名天地之始；有，名天地之母”；第二章“有无相生”；十一章“故有之以为利，无之以为用”以及本章。第二章“有无相生”，只是说明“有”和“无”两个概念是相对而生，和难易、先后等词相当，并没有特殊意义。十一章“有之以为利，无之以为用”，也只在说明“无”的作用较“有”为大而已，也没有特殊的意义。要想了解“有”、“无”两个字的意义，只有从第一章和本章，再参考相关的各章来探索。“有”和“无”的问题值得探索的共有三个：一、“有”和“无”究竟是什么？二、两者和道有什么关系？三、两者之间的关系如何？也就是说“无”怎么能生“有”？问题虽分三个，实际上是互相有牵连的。现在分别说明于下：

1.“有”和“无”究竟是什么？“有”是万物的根本，“无”比“有”还要高一层，“无”是宇宙的本源，第一章说：“无，名天地之始。”《庄子·天地》说：“泰初有无，无有无名。”都可以作为证明。“无”并不是物质，但也不是“空无所有”。以前的人都不敢把“无”解成数学上的“0”，认为“0”是空无所有。其实“0”在数学上也是一个数，并非空无所有，数学上的空无所有是“空集合”，不是“0”。“无”就相当于数学上的“0”。“0”是数学上的第一个数，1、2、3等都是它的继数，“无”的上面也没有任何东西，而宇宙万物则从其中繁衍而出，所以“无”就相当于数学上的“0”。

2.“无”、“有”和道的关系。“无”和“有”合起来是道的全部，老子形容道的时候，一再说“是谓惚恍”（十四章）“惟恍惟惚，惚兮恍兮，恍兮惚兮”（二十一章）。其原因就在这里。不过，就层次来说，“无”的层次要高于“有”，因为宇宙的根源，总不能有两个啊！所以我们说“无”是道的本体，“有”是道的作用。当道是静态的时候，它是“无”，一动而有创生作用的时候，那就是“有”了。

3.“无”和“有”的关系。本章说：“有生于无。”最能说清“有”和“无”的关系。大家一定要问：“‘无’怎么能生‘有’呢？”这个问题，可以引《庄子》书中的一段话来说明。《庄子·知北游》说：“有先天地生者物邪？物物者非物，物出不得先物也，犹其有物也。犹其有物也，无已。”这段话译成口语是这样的：“有在天地之先就生出来的物吗？没有，创生物它的本身绝不是物，物出生之前不能再有物。因为物出生之前如果有物的话那还是物啊，如果那还是物，这样推衍上去，就没有穷尽了。”这里假定天地是第一个物，那么，生天地的一定不是物，如果还是物的话，那就说不通了。生天地（物）的不是物，那一定是“非物”了。依此类推，生人的一定不是人。这话乍听起来吓人一跳，但仔细一想，实在是很有道理。因为假如说生人的是人的话，这问题根本就没有解决，因为那还是人啊！我们的问题是生第一个人的是什么，答案是“不是人”，既然是“不是人”，当然是“非人”了。依达尔文的进化论的说法，人是由猿猴变来的，依基督教的说法，人是由上帝创生的。无论是猿猴变的也罢，上帝创造的也罢，那都不是人，而都是“非人”，这问题不就解决了吗？现在再回到我们的本题，天下万物是从“有”出生的，那么，“有”从哪里来的呢？当然是从“非有”而来，这“非有”就是“无”了，如此，岂不是证明了“有生于无”了吗？

【说明】

本章旨在说明道体、道动和道用。道动、道用是相通的，因为道一动就显出用来。天地万物的化生，就是“道之动”和“道之用”，而道体有赖于道动和道用，才能显示其存在。不过道动和道用都是由道体生出来的，没有道体，就没有道动和道用了。这就是三者的关系。

有关于道动的“反”和道用的“弱”,《老子》书中处处可见，但有关于道体的“无”，以及“有”和“无”的关系，书中虽也有提及，意思却都不够清晰。本章“有生于无”一句话，把“有”和“无”的关系说得清清楚楚，使我们了无疑惑，这是本章最重要的地方。有了“有生于无”这一句话，老子的思想才显得深不可测，无垠无限，才能探索不尽，而能满足人的智慧。而“下游”的无为、无事、无智、无知、无欲、无私、无我等，才能有一个基础。

第四十一章

上士闻道，勤而行之；中士闻道；若存若亡；下士闻道，大笑之，不笑不足以为道。故建言有之：“明道若昧，进道若退，夷道若类。上德若谷，大白若辱，广德若不足。建德若偷，质德若渝。大方无隅，大器晚成，大音希声，大象无形，道隐无名。”夫唯道，善贷且成。

【译意】

道是无处不在的，一个人是否能了解道，要看他的才质而定。上士听见了道，晓得道伟大而真实，所以便努力不懈地去实行。中士听见了道，由于识见不足，认道不清，所以觉得道似有似无，似真似假；下士听见了道，由于识见浅薄，根本不晓得道是什么，所以便大笑起来，以为荒诞不经，一派胡言。其实正因为下士大笑，才显得道的高深，如果他不笑，这道也不能算做道了。所以，古时候立言的人说得好：明道的人内含光洁，看起来好像是很昏暗似的。进道的人，谦冲自牧，看起来好像是后退似的。道很平坦，容易知，容易行，看起来好像是崎岖不平似的。上德的，谦虚卑下，好像是深谷似的。具有刚健之德的人，遇事退藏，好像怠惰不振似的。具有质实之德的人，毫不表现，好像空无所有似的。最大的方形没有边角，最大的器具没有形状。最大的声音听不到，最大的形象看不到，大道隐微，没有名称。只有道，善于创生万物，并且使万物长成。

【解析】

“上士闻道，勤而行之；中士闻道，若存若亡；下士闻道，大笑之。”“上士”、“中士”、“下士”，固然是由才智的高低来分，但也兼指他们对道向往的程度而言。上士对道向往殷切，所以闻道之后，能勤而行之。中士则信道不笃，所以闻道之后，疑信参半，若有若无。下士根本不信道，所以闻道之后，发出大笑。“之”，都是指道。“若存若亡”，就是“若有若无”。“不笑不足以为道。”因为道很隐微渊深，而下士才智卑下，当然不懂。发出大笑，是应该的事。若下士闻道而不笑，点头称善，这个道必定是很低下的道，那也不能算做是什么道了。

“故建言有之。”“建”，立的意思。“建言”，就是立言。“之”，指由“明道若昧”到“道隐无名”十三句话。

“明道若昧。”“昧”，昏暗的意思。这是说得道之士内含光明

（智慧）而不外射，外表却暗淡无光。这是由于“光而不耀”（五十八章）。这也是“大智若愚”的表现。

“进道若退。”得道之士谦退自守，与世无争，这是“若退”，但“以其不争，故天下莫能与之争”（六十六章）。这是“进道”。第七章：“后其身而身先，外其身而身存。”三十四章：“以其终不自为大，故能成其大。”都是“进道若退”的表现。

“夷道若类。”“夷”，平的意思，“类”和“夷”相反，不平的意思。五十三章说：“大道甚夷，而民好径。”老子的道，易知易行，只是人都喜欢抄捷径，走小路，所以反而觉得它阻滞难行了。“类”，王弼本原作“纇”（lèi），《帛书老子》篆本和隶本都作“类”，所以依据《帛书老子》改作“类”。

“上德若谷。”“谷”深而虚，比喻谦虚能容。这是说上德之人，为人谦下，虚怀若谷。

“大白若辱。”“大白”，指操守非常洁白的人。“辱”，污浊的意思。这句是说大洁白的人，表现和光同尘，好像污浊的人，而不彰显其德。

“广德若不足。”“广德”，指有盛德的人，就是上文的“上德”。这句是说德越高的人表现越谦卑。从前孔子的六世祖正考父，第一次受命为士，低头鞠躬，第二次受命为大夫，弯腰曲背，到了第三次受命为卿，身体整个俯了下来。每受一命就表现得更恭谨一层。有德的人，德越高而越谦下，情形也是如此。

“建德若偷。”“建”和“健”同，刚健的意思。“建德”，就是有刚健之德的人。“偷”，怠惰的意思。这句是说有刚健之德的人，看起来好像懒惰不振似的。

“质德若渝。”“质”，实的意思。“质德”，就是有真实之德的人。“德”，王弼本原作“真”，意思很不通顺，很多人认为是“德”字的错字，颇有道理，所以改作“德”。“渝”和“窬”同，空的意思。这句是说有质实之德的人，看起来好像是空虚无德似的。和前文“上德若谷”的意思相同。

“大方无隅。”“隅”是角，引申为边的意思。凡是方形都有角有边，但最大的方形无法穷尽，它的边看不到，那不是和没有边一样。就以宇宙为例，谁知道时间（宙）始于何时，终于何时？谁又知道空间（宇）起于何处，讫于何处？这不是等于无边无际吗？

“大器晚成。”“大器”，比喻“道”。“晚”，不解作“早晚”的“晚”，而作“免”讲，《帛书老子》隶本就作“免”字，“无”的意思。“成”，定的意思。“晚成”，就是没有固定的形状、用途。以水为例，在方为方，在圆为圆，而它的用途不可胜数，这就是“大器晚成”了。《礼记·学记》说：“大道不器。”和这个意思相同。孔子说：“君子不器。”（《论语·为政》）虽然指的是人，但是其不限于一用，还是相同的。

“大音希声。”“希”，就是二十三章“希言”的“希”，无的意思。“希声”，就是没有声音。据科学家说，宇宙间最大的声音，人是听不到的，如果把这种声音缩小千万分之一，人的耳膜都会立刻被震聋。由此看来，“大音”的确是“希声”的。

“大象无形。”“大象”，最大的形象，指“道”而言，和三十五章“执大象，天下往”的“大象”意思相同。以天为例，可以说是最大的形象了，但是谁能知道天的形象是怎么一个情形呢？以上“大方”、“大器”、“大音”、“大象”，都是比喻“道”。

“道隐无名。夫唯道，善贷且成。”“贷”，施与的意思。“成”，完成的意思。“善贷且成。”是说“道”不仅创生万物，并且使万物长养完成。

【说明】

七十八章说：“正言若反。”本章就在说明道的内在和外在完全相反，底蕴和现象完全异趣，所谓“明道若昧，进道若退，夷道若类”就是了。老子说：“良贾深藏若虚，君子盛德容貌若愚。”（《史记·老庄申韩列传》）就是这种精神的表现。这种精神，只有上士能够明了，所以他们闻道，能勤而行之，至于下士之徒，浅俗愚妄，闻道而大笑，终身也没有见道的希望，遑论得道。

第四十二章

道生一,一生二,二生三,三生万物。万物负阴而抱阳,冲气以为和。人之所恶,唯孤寡不穀,而王公以为称。故物或损之而益,或益之而损。人之所教,我亦教之,强梁者不得其死,吾将以为教父。

【译意】

道是万物化生的总原理,万物化生的程序,是由这个总原理的道生出一种气,这种气又化分成阴阳两气,阴阳两气交合,于是产生了和气。阴阳两气这样不断地交合,不断创生,于是便繁衍成万物了。万物禀赋着阴阳二气,这阴阳二气互相激荡而生成新的和气,以调和养育万物。一般人所厌恶的,就是“孤”、“寡”、“不穀”,但是国君们反而用来称呼自己。所以任何事物,表面上看来受损,而实际上却是得益;表面看来得益,而实际上却是受损。国君们知道这个道理,所以宁愿自损,自称“孤”、

“寡”、“不榖”。有一句话，古人拿来教诲人，我也拿它来教诲人，这句话就是金人铭上所说的“刚暴的人是不得好死的”。我就拿这句话作为教人的基本道理。

【解析】

“道生一。”“一”，就是三十九章“天得一以清，地得一以宁”的“一”，也就是二十二章“圣人抱一为天下式”的“一”。《庄子·天地》说：“泰初有无，无有无名，一之所起，有一而未形。”庄子说无生一，老子说无生有（四十章），这里老子说道生一，由这三处的说法，可知“道”就是“无”，“一”就是“有”。“道生一”就是“无生有”。不过，这个“一”并不是有形的物体，因为庄子说：“有一而未形。”（《庄子·天地》）以理气二者来说，“道生一”就是理生气。这气就是阴阳未分时的“一气”。

“一生二，二生三，三生万物。”“二”，指阴阳二气。“道”生混然一气，这是“道生一”。混然一气化分成阴气和阳气，这是“一生二”。阴阳二气交合而生和气，这是“二生三”。“三”，就是阴气、阳气与和气。和气既生，如此阴阳二气不断地交合，不断地创生，于是便形成万物。这就是“三生万物”。

“万物负阴而抱阳，冲气以为和。”“冲”，激荡的意思。“和”就是和气，万物具阴阳二气而生，所以说：“负阴而抱阳。”这阴阳二气相激相荡，于是产生了和气，所以说：“冲气以为和。”

“人之所恶，唯孤寡不穀，而王公以为称。”“孤”、“寡”、“不穀”的解释，见三十九章。“称”，名词，称呼的意思。三十九章说：“只以侯王自谓孤、寡、不穀。”所以说：“王公以为称。”

“故物或损之而益，或益之而损。”“损”和“益”是相对词。这句是说表面受损而实际得益，表面得益而实际受损。五十八章说：“祸兮福之所倚，福兮祸之所伏。”正是这个道理。侯王自称孤、寡、不穀，表面似乎受损，而实际上却得益无穷。

“人之所教，我亦教之。”“所教”和“教之”，都是指下句“强梁者不得其死”。

“强梁者不得其死，吾将以为教父。”“强梁”，刚强的意思。“不得其死”，是说不得善终。孔子的学生子路刚强好勇，孔子就说过他“不得其死”，后来果然死于刀兵，被斩成肉酱。“父”，本、始的意思。“教父”就是施教的根本。“强梁者不得其死”这一句话出于周代的金人铭，老子引来戒人逞强争胜。

【说明】

本章旨在说明道创生万物的次序。这个次序就是“道生一，一生二，二生三，三生万物”。万物创生以后，还要守住道的精神，依道而行。这个精神就是柔弱。因为刚强者不得其死，柔弱者才能得生。所以守柔才是真正的强者。

第四十三章

天下之至柔，驰骋天下之至坚，无有入无间。吾是以知无为之有益。不言之教，无为之益，天下希及之。

【译意】

天下最柔弱的东西，能够驾驭天下最坚强的东西。“无有”是最柔弱的了，却能够进入毫无孔隙的坚强的实体，像水能滴穿巨石，电能透过钢铁，就是最好的例子。道也是虚无的，却是万物的主宰。我因此知道无为的益处。不言的教诲，无为的益处，天下很少有东西能够及得上的。

【解析】

“天下之至柔，驰骋天下之至坚，无有入无间。”“驰骋”，驱使，克服的意思。“无有”，指虚无柔弱的东西，如水、气等。“无有”是应上文的“至柔”。“无间”，指坚强实在的东西，如金、石等。“无间”是应上文的“至坚”。如电能透过金石，风能穿过肌肤，这就“无有入无间”，也是“天下之至柔，驰骋天下之至坚”的实例。

“不言之教，无为之益，天下希及之。”“希”，少的意思。“不言”最柔，“无为”最弱，但不言、无为的结果，却无物不化，无事不为，这就是“驰骋天下之至坚”。所以说：“天下希及之。”

【说明】

本章旨在说明“柔弱”和“不言、无为”的益处。至柔驰骋至坚，无有入无间，是自然界常有的现象，“不言”、“无为”则是人生处世的原则。“不言”最柔，“无为”最弱，但不言、无为的结果，却是无事不为，无物不化，岂不是和“驰骋天下之至坚”一样吗？

第四十四章

名与身孰亲？身与货孰多？得与亡孰病？是故甚爱必大费，多藏必厚亡。知足不辱，知止不殆，可以长久。

【译意】

身外的声名和生命比起来，哪一个亲切呢？身外的财货和生命比起来，哪一个重要呢？得到声名、财货，和失去生命，哪一个对我有害呢？所以爱声名过甚，损耗的一定很多；藏财货太多，丢掉的也一定很重。只有知道满足，才不会受到污损；只有知道适可而止，才不会产生危殆。这样，身体才可以久安，生命才可以长存。

【解析】

“名与身孰亲？身与货孰多？”“名”指声名，“身”指身体、生命。“亲”，亲近，引申有重要的意思。“货”指财货。“多”，重的意思。不用“重”而用“多”，是为了要和“货”字押韵。这两句是问名、利和身体对人来说，哪一个比较重要。答案当然是身体重要，因为名、利究竟是身外之物。俗语说：“留得青山在，不怕没柴烧。”就是这个意思。

“得与亡孰病？”“得”是说得名与货，“亡”是说亡去身体，“病”是害的意思。修道的目的在养生修性，而名、利对生、性不仅没有好处，而且还有害处，如果为了获得名、利，而丧失生、性，那何止是舍本逐末！

“甚爱必大费，多藏必厚亡。”“爱”指名而言，“藏”指利而言。“爱”指心理方面，“藏”指行为方面。“费”和“亡”都是指“身”而言。因为过分地爱名贪利，必定拼命地去追逐争取，甚至牺牲生命亦在所不惜，这不是“大费”、“厚亡”吗？

“知足不辱，知止不殆，可以长久。”“知足”是心理上的节制，“知止”是行为上的节制。

“知足”是承上文“甚爱”而言，“知止”是承上文“多藏”而言。“辱”是污辱、损害的意思，“殆”是危险的意思。“不辱”、“不殆”是承上文“大费”、“厚亡”而言。求名本来是为了显荣，但爱名太过则可能招来污辱；求利本来是为了享受，但藏利太多则可能招来危险。医治的方法，只有在心理上知足，行为上知止。知足才能免于受辱，知止才能免于危殆。这样才可以长生久安。

【说明】

本章旨在教人爱惜身体、重视生命，不要过分地追求名利。因为名利是身外之物，若得到名利，失去生命，那是得不偿失的。可是一般人往往不能了悟这个道理，而“贪夫殉财，烈士殉名”(贾谊《鹏鸟赋》)。所以拯救的方法，就在知足知止，从心理、行为两方面双管齐下，这样才可以获得长生而久安。

第四十五章

大成若缺，其用不弊，大盈若冲，其用不穷。大直若屈，大巧若拙，大辩若讷。静胜躁，寒胜热，清静以为天下正。

【译意】

最完满的东西，看起来好像有欠缺似的，但是它的作用却永不衰竭。最充实的东西，看起来好像很空虚似的，但是它的作用却永不穷尽。最直的东西，看起来好像弯曲似的。最巧的东西，看起来好像笨拙似的。最大的辩才，看起来好像说话迟钝似的。清静克服躁动，寒冷克服炎热，能够执守清静无为之道的人，自然可以作为天下人的楷模。

【解析】

“大成若缺，其用不弊。”“成”，完满的意思，“大成”是说最完满的东西，指道体而言。下文“大盈”、“大直”、“大巧”、“大辩”的意思相同。“缺”，欠缺的意思。“若缺”，是说表面看起来好像不完备似的。这是指道的形象而言。下文“若冲”、“若屈”、“若拙”、“若讷”都是如此。因为道随物而成，没有一定的形象，所以说“若缺”。“弊”，尽的意思。“不弊”就是下文的“不穷”，都是指道的作用而言。

“大盈若冲，其用不穷。”“盈”，满的意思。“冲”和“盈”相反，空虚的意思。天地万物无不是从道而生，所以说“大盈”，但是道却没有任何形象，所以说“若冲”。

“大直若屈，大巧若拙，大辩若讷。”“屈”，委屈、弯曲的意思。“讷”，说话迟钝的意思。以水为例，水最平，所以称“水平”，但水却是球面的，这岂不是“大直若屈”。以地为例，地无物不生，但不见其事，仅见其功，这岂不是“大巧若拙”。以天为例，“天网恢恢，疏而不失”（七十三章）。天道循环，报应不爽，这岂不是“大辩若讷”。

“静胜躁，寒胜热，清静以为天下正。”“正”，准则、模范的意思。由于清静能够克制躁动，所以说清静能作为天下的准则。五十七章说：“我无为而民自化，我好静而民自正，我无事而民自富，我无欲而民自朴。”都在说明清静可以治理天下。又“静胜躁，寒胜热”两句，王弼本原作“躁胜寒，静胜热”。意思很不通畅，因为老子并不主张“轻躁”，二十六章说：“重为轻根，静为躁君。”就是证明。再说，“躁胜寒”和下文“清静以为天下正”

也互相矛盾，所以有人认为这两句应作“静胜躁，寒胜热”。是否正确，不得而知，但比原文要通畅得多，所以就依据这个说法改作“静胜躁，寒胜热”。

【说明】

本章旨在说明道体和道象，而归结于“清静”二字。清是清虚，静是寂静，道体虽清虚寂静，但其作用却能胜躁制动，所谓无为而无不为。修道的人能够善体清静，无为无事，顺应自然，就可以作为天下的表率。

第四十六章

天下有道，却走马以粪；天下无道，戎马生于郊。祸莫大于不知足，咎莫大于欲得。故知足之足，常足矣。

【译意】

天下有道的时候，人人知足知止，国与国之间和平相处，战争绝迹了，战马也没有用了，只好用来耕田；天下无道的时候，人人逐利争名，贪欲无厌，国与国之间战争不断，兵连祸结，所有的马都用来作战，母马都得要在战场上生产。由此看来，天下的灾祸，没有比不知足更大的了；天下的罪过，没有比贪得更大的了。所以只有知足的这种满足，才是永久的满足。

【解析】

“天下有道，却走马以粪。”“却”，止息的意思。“走马”，善走的马，可用于战争。“粪”，作“粪田”讲，引申有耕种的意思。这是说天下有道的时候，四海升平，战争没有了，战马派不上用场了，只好拉去耕种田地。

“天下无道，戎马生于郊。”“戎马”就是战马，也就是上文的“走马”。“走马”是就其能力而言，“戎马”是就其用途而言。“生”，生产的意思。“郊”，郊野的意思，这里指战场。

“祸莫大于不知足，咎莫大于欲得，故知足之足，常足矣。”“咎”，罪过的意思。“欲得”就是上文的“不知足”。一切纷争的产生，都起于人类的不知足与贪得无厌，孟子说：“争城以战，杀人盈城；争地以战，杀人盈野。”（《孟子·离娄下》）不知足真是人类的罪魁祸首，而拯救的方法，就在知足。一朝知足，就自然觉得满足了。

【说明】

本章借“却走马以粪”和“戎马生于郊”两句，对照地写出知足和不知足的结果，而劝人知足。“戎马”通常用公马，不用母马，因为公马身强力壮，奔跑迅速的关系。本章“戎马生于郊”这个“戎马”，当然是母马，那表示已无公马可用。母马上战场，已可见战争的激烈，而现在母马更在战场上生产，其激烈之情形，更可想而知。而战争之所以如此惨烈，则完全起因于人的不知足，所以老子劝人知足。人人知足，天下就太平了。

第四十七章

不出户，知天下；不窥牖，见天道。其出弥远，其知弥少。是以圣人不行而知，不见而名，不为而成。

【译意】

万事万物的总原理，并不在远不可及的地方，它就在我们的心中。我们如果能够内观反省，除私去欲，自然清楚。所以不需要走出大门，就可以知道天下的事理；不需要探窗口外，就可以明了自然的法则。走出大门越远，所知道的事理也就越少。所以圣人不外出远求，天下的事理就可以知道；不观察外界，自然的法则就可以明了，不造作施为，万物就可以化育生成。

【解析】

“不出户，知天下；不窥牖，见天道。”“户”，就是门。“牖”，窗子。“天道”，自然之道，真理。这两句是说天道虽大，不出门也可以知道；天道虽广，不窥牖也可以见得。因为万事都有则，万物都有理，明了这个则，知道这个理，那么事事物物，如网在纲，没有不清楚的了。《庄子·天地》说：“通于一而万事毕。”就是这个道理。何况大道无声无形，视之不见，听之不闻，抟之不得，而存在于我们心中。我们只要内观反省，化私去欲，大道自然可见，不必“出户”、“窥牖”。如果一定要“出户”、“窥牖”去求，那么恐怕就要愈求离道愈远了。

“其出弥远，其知弥少。”“弥”，更的意思。因为道在心中，如果出门去求，“道在迩而求诸远，事在易而求诸难”（《孟子·离娄上》），那么走得越远，丧失本性越多，其结果必定是所知越少。

“是以圣人不行而知，不见而名，不为而成。”“知”，是说知天下。“不行而知”，应上文“不出户，知天下”。“名”和“明”同，明白的意思。“不见而名”，应上文“不窥牖，见天道”。“不行而知，不见而名”是知“道”的方法，“不为而成”则是行“道”的方法。

【说明】

本章旨在说明了解道的方法，端在心灵的领悟，而不在知识学识的追求。道在心中，而求之身外，那就是南辕北辙了。孔子曾说：“仁远乎哉，我欲仁，斯仁至矣。”（《论语·述而》）孟子也说："万物皆备于我，反身而诚，乐莫大焉。"（《孟子·尽心上》）老子认为"道"在心中，孔子认为"仁"在心中，孟子认为"万物"皆在心中，都是主张内观反省，不假外求，真是四海圣人，其心相同，其理相同。

第四十八章

为学日益，为道日损。损之又损，以至于无为。无为而无不为。取天下常以无事；及其有事，不足以取天下。

【译意】

为学，知识欲望就不断地增加，虚伪诡诈、忧愁烦恼也就随之而不断地增加；为道，知识欲望就不断地减少，虚伪诡诈、忧愁烦恼也就随之而不断地减少。减少而又减少，把知识欲望减损尽了，没有了“为”的意念，最后便到达无为的境地。无为的结果，万物各得其所，各遂其生，所以可以说是无所不为。治理天下也应该无为，如果有为，就不能治理天下了。

【解析】

“为学日益，为道日损。”“益”和“损”是相反词。“益”是增加的意思，“损”是减少的意思，都是指知识、欲望等而言。知识欲望增加，虚伪诡诈、忧愁烦恼也随之而增高，所以老子反对“为学”。二十章说：“绝学无忧。”六十四章说：“学不学，复众人之所过。”就是证明。和儒家主张“为学”完全不同。至于“为道”则不然，“为道”则能日减知识、欲望，最后能达到无为的境界。

“损之又损，以至于无为，无为而无不为。”“无为”是“为道”的目的，损之又损，知识、欲望损尽，“为”的动机已去，自然到达“无为”的境地。“无不为”是“无为”的效用。因为“无为”，则万物各得其所，各遂其生，所以其效用是“无不为”。

“取天下常以无事；及其有事，不足以取天下。”“取”，治理的意思，和二十九章“将欲取天下而为之”的“取”字意思相同。“取天下”，就是治理天下。“常以无事”，《帛书老子》隶本作“常无事”，没有“以”字，意思更为清楚。“无事”就是上文的“无为”，“有事”就是有为。

【说明】

本章旨在说明“无为”的重要。要想达到无为的目的，首先要损知去欲，而不能靠“为学”，“为学”只能增知添欲，不仅不能到达“无为”，还要虚伪百出、忧烦丛生。只有损之又损，内心既清既虚，外在自然无为无事了。

第四十九章

圣人常无心，以百姓心为心。善者吾善之，不善者吾亦善之，德善。信者吾信之，不信者吾亦信之，德信。圣人在天下，歙歙焉；为天下，浑其心。百姓皆注其耳目，圣人皆孩之。

【译意】

体道的圣人治理国家，常常自己没有意见，而以百姓的意见为意见。百姓善良的，我固然善待他们；不善良的，我也善待他们，这样，就人人都归于善良了。百姓信实的，我信任他们；不信实的，我也信任他们，这样，就人人都归于信实了。圣人对天下的人，收敛谦让；治理天下，质朴无欲，百姓都凝视静听，如痴如愚，圣人都把他们当作婴儿一样爱护。

【解析】

“圣人常无心，以百姓心为心。”这可以说是老子的民主思想和做法。“无心”，没有意见，也就是无私、无我的意思。“常无心”，王弼本原作“无常心”，《帛书老子》隶本作“常无心”。“无常心”的意思虽然可以说通，但究竟不如“常无心”的意思清楚而且深刻，所以依据《帛书老子》隶本改作“常无心”。圣人自己没有意见，而以人民的意见为意见，所以说“以百姓心为心。”

“善者吾善之，不善者吾亦善之，德善。”两个“善者”的“善”是形容词，两个“善之”的“善”是动词。“德”，得的意思，下文“德信”的“德”，意思相同。这是说无论百姓善良不善良，治政者都善待他们，这样化不善为善良，而都成为善良的人。二十七章说：“是以圣人常善救人，故无弃人；常善救物，故无弃物。”和本章可以互相说明。

“信者吾信之，不信者吾亦信之，德信。”这是说百姓信实的和不信实的，治政者都以诚信对待他们，这样化虚伪为信实，而都成为信实的人。

“圣人在天下，歙歙焉；为天下，浑其心。”“歙”，和三十六章“将欲歙之”的“歙”相同，收敛的意思。“焉”是语尾词，和“然”相同。王弼本原没有“焉”，只作“歙歙”，可是注说：“歙歙焉心无所主。”《帛书老子》篆本和隶本都有“焉”字，所以就依据《帛书老子》加上“焉”字，意思比较清楚。“为”，治理的意思。“浑”，动词，浑朴、质朴的意思。“浑其心”就是浑朴其心，也就是“无心”的意思。“其”指圣人自己，不是指百姓，《帛书老子》篆本作“浑心”，尤其显然可见。

“百姓皆注其耳目，圣人皆孩之。”“注”，专注的意思。“注其耳目”，就是凝视静听。“百姓皆注其耳目”，王弼本原没有这一句，上下文意思连贯不起来，《帛书老子》篆本和隶本都有，所以就依据《帛书老子》增加进去。“孩”，动词。“孩之”，是说把百姓当作婴儿看待。

【说明】

本章的重心就在开头两句:“圣人常无心，以百姓心为心。”以前一句而言，这是无私无欲的表现；以后一句而言，这是一种民主思想。老子极端反对专制极权，而强调民主思想，这类文字，书中处处可见，如“无狎其所君，无厌其所生。”（七十二章）“治大国，若烹小鲜。”（六十章）“以辅万物之自然，而不敢为。”（六十四章）“功成、事遂，百姓皆谓我自然。”（十七章）无怪乎严几道要说:“黄老之道，民主之国之所用也。”（《老子道德经评点》）

第五十章

出生入死。生之徒十有三，死之徒十有三，人之生，动之死地，亦十有三。夫何故？以其生生之厚。盖闻善摄生者，陵行不遇兕（sì）虎，入军不被甲兵，兕无所投其角，虎无所措其爪，兵无所容其刃。夫何故？以其无死地。

【译意】

人出世叫“生”，入地叫“死”。人出生后，能够长寿的，有十分之三；短命夭折的，有十分之三，本来可以长寿，而自己踏入死路的，也有十分之三。这是什么原因呢？因为奉养太厚，享受太过了。曾听说过，善于养护生命的人，在深山里行走，不会遇到犀牛老虎的攻击，在军队中打仗，也不会遭到兵刃的杀伤。犀牛虽凶，对他没有办法用它的角；老虎虽猛，对他没有办法用它的爪；兵器虽锋利，对他没有办法用它的刃。这是什么原因呢？因为善于养生的人，根本就不进入致死的境地。

【解析】

“出生入死。生之徒十有三，死之徒十有三，人之生，动之死地，亦十有三。”“出”，出于世的意思，“入”，入于地的意思。人出世为生，入地为死，所以说“出生入死”。“徒”，类的意思。“生之徒”，是说能够长寿的人。指自然长寿，不是由于“善摄生”。“十有三”，就是十分之三。“死之徒”，短寿的人。指自然短寿，不是由于“生生之厚”。“动”，妄为的意思。如放纵嗜欲，戕害身心等都是。“人之生，动之死地。”是说有些人本可以长寿，但由于放纵情欲，妄动妄为，终而短命夭折。

“夫何故，以其生生之厚。”“夫”，解作“此”，相当于口语的“这个”。“故”是原因、缘由的意思。“生生”，上面一个“生”字是动词，下面一个是名词，养生的意思。“生生之厚”，是说过分的养生，反而戕害了生命。

“盖闻善摄生者。”“盖”是发语词，没有意思。“摄生”，养生的意思。“善摄生者”，指以上三种以外的十分之一的人。

“陵行不遇兕虎，入军不被甲兵。”“陵”，山陵的意思。王弼本原作“陆”，《帛书老子》篆本和隶本都作“陵”，兕虎都在山中，“陆行”不遇兕虎，是很平常的事，没什么特殊意义，作“陵行”较好，所以就依据《帛书老子》改作“陵”。“兕”是犀牛。“被甲兵”，受到兵器的伤害。“兵”指兵器。“甲”字本来的意思是铠甲，这里没有意思，因为“甲兵”两个字经常连用，而上文是“兕虎”两个字，这里如果只用一个“兵”字，文字就显得不对称，语气也不完整，所以就多说一个“甲”字，下文“兵无所容其刃”，只言“兵”，不言“甲”，就是很好的证明。

“兕无所投其角，虎无所措其爪，兵无所容其刃。”“所”是处所，“投”，作“掷”解，引申有放置的意思。“措”，也是放置的意思。“容”，容纳的意思。

“夫何故，以其无死地。”“夫”，和上文“夫何故”的“夫”意思相同，此的意思。“无死地”，是说没有致死的境地。也就是说没有送命的机会。

【说明】

本章旨在说明养生太过，反而戕害生命，善于养生的人，根本没有“养生”的意识，平时了解安危的情形，顺应自然而行，所以兕虎虽凶，不能害他；兵刃虽利，不能伤他。《庄子·秋水》篇说：“有大德的人，火不能烧死他，水不能淹死他，冷热不能害他，禽兽不能伤他，并不是他迫近这些东西而受不了伤害，是说他明了安危的情形，宁静地顺应祸福，谨慎自己的行为，所以这些东西伤不到他。”由此可以知道“陵行不遇兕虎，入军不被甲兵”，只是不去触犯这些东西，尽量地谨慎行止，不要争强好胜而已。其实，在我们日常生活里，不知道有多少无形的“兕虎甲兵”，例如声色货利，骄奢淫逸，放辟邪侈，比起有形的“兕虎甲兵”要厉害到千百倍，稍一不慎，就不免招来祸害，送掉性命。但如果我们能够心安神静，谨言慎行，这些东西无论多厉害，又哪里能够伤得到我们?

第五十一章

道生之，德畜之，物形之，势成之。是以万物莫不尊道而贵德。道之尊，德之贵，夫莫之命而常自然。故道生之，德畜之，长之育之，亭之毒之，养之覆之。生而不有，为而不恃，长而不宰，是谓玄德。

【译意】

道创生万物，德畜养万物，万物表现各种形体，形势使万物长成。道和德是万物生成的根本，所以万物没有不尊敬道而珍贵德的。道之所以受到万物的尊敬，德之所以受到万物的珍贵，是因为道和德创生万物并不加以干涉、支配，而任万物自然地生长。所以道创生万物，德畜养万物，培育万物，长成万物，爱护万物。但道生长万物，而不据为己有；作育万物，而不自恃其能；长成万物，而不做万物的主宰。真可称为微妙深远的德了。

【解析】

“道生之，德畜之。”“德”，道创生万物以后，就存在万物里面，这个存在万物里面的道，就叫做“德”。道是万物生存的总原理，德是万物从这个总原理中所得的一个理。所以前人把德解作“得”，就是说万物所得于道的一体。道和德只有全和分、体和用的分别，而没有本质上的差异。说得再清楚一点，德就是万物之性。万物由道创生，再由存在于万物之中的道（也就是德）的畜养，然后才能长成。所以说：“道生之，德畜之。”

“物形之，势成之。”“物”，指万物本身。“形”，动词，表现的意思。“势”，指各物所处的环境而言，如地区的变迁，气候的差异，水土的不同等都是。“成”，长成的意思。

“是以万物莫不尊道而贵德。”万物由创生到长成，道、德、物、势四者虽然都有贡献，但是物和势也都是由道和德所创生，道和德是本，物和势是末，所以“万物莫不尊道而贵德”。

“道之尊，德之贵，夫莫之命而常自然。”“夫”，解作“彼”，指道和德。“莫”，不的意思。“之”，指万物。“命”，支配、干涉的意思。道和德之所以得到万物的尊崇，全在于道和德不支配万物，不干涉万物，而听任万物的自然生长。所以说：“莫之命而常自然。”

“亭之毒之，养之覆之。”“亭”，解作“成”。“毒”，熟的意思。“亭之毒之”，就是“成之熟之”。“覆”，保护的意思。

“生而不有，为而不恃，长而不宰，是谓玄德。”“玄德”，深微玄妙的德。这四句重见于第十章，解释见第十章。

【说明】

本章在说明“道德”创造万物，都是本之于“自然”，所以能够得到万物的尊崇。所谓“生而不有，为而不恃，长而不宰”。这种无私无欲的表现，实际上都是本之于“自然”，“道德”的伟大之处就在这里，所以称它为“玄德”。

第五十二章

天下有始，以为天下母。既得其母，以知其子；既知其子，复守其母，没身不殆。塞其兑，闭其门，终身不勤；开其兑，济其事，终身不救。见小曰明，守柔曰强。用其光，复归其明，无遗身殃。是谓袭常。

【译意】

天地万物有个本源，这个本源就是道。道能创生天地万物，所以可以称为天地万物之母。既然知道这天地万物之母，就可以了解由这个母体创生出来的子——天地万物了。既然了解天地万物，再回头紧守住天地万物之母的道，终身都不会有危险。堵塞情欲的孔道，关闭情欲的大门，使得情欲无从产生，而能保持内心的安闲宁静，终身都不会有忧患。开启情欲的孔道，助长情欲的产生，终身都不可救药。能够见到隐微才算是清明，能够秉守柔弱才算是坚强。利用由本体发出来的光来认识万事万物。再回复到光的本体清明，这样，才不会给自己带来灾害。这就是因袭顺应常道而行，叫做“袭常”。

【解析】

“天下有始，以为天下母。”第一章说：“无，名天地之始；有，名万物之母。”所以“始”和“母”，分别指“无”和“有”。但“无”为道体，“有”为道用，所以“始”和“母”实际上都是指道而言。就理论上说，道是万物的本源，必先于万物而存在，所以称之为“始”；就作用上说，道可创生天地万物，所以又可称为“母”。

“既得其母，以知其子；既知其子，复守其母，没身不殆。”“子”指万物。“殆”，危险的意思。十四章说：“执古之道，以御今之有。”“得母”就是“执道”，“知子”就是“御有”。母是本，子是末，得母知子，就是执本御末。如果能紧守其本而不失去，则内心虚静清明，自然能“没身不殆”。

“塞其兑，闭其门，终身不动；开其兑，济其事，终身不救。”“塞”，堵塞的意思。“兑”，指耳目鼻口等一切孔窍。“兑”和“门”，都是指情欲出入的门径。“勤”，勤苦、忧劳的意思。“济”，助的意思。“济其事”，是说助长情欲的事情。

“见小曰明，守柔曰强。”“小”，隐微的意思，这里指道，三十二章说：“道常无名，朴，虽小，天下莫能臣也。”道有“小”

的特性，所以“小”可以比喻道。能见到这个隐微的道，所以称为“明”。“柔”能克刚，能“驰骋天下之至坚”，所以守柔才是真正的强。

“用其光，复归其明，无遗身殃。”“光”是“明”的用，“明”是“光”的体，“用其光”在“知子”，在“见小”，也就是在识道。“复归其明”在“守母”，在“执本”，也就是在守道。能够知道而守道，自然不会招来灾害。所以说：“无遗身殃。”“殃”，灾害的意思。

“是谓袭常。”“袭”，就是二十七章“是谓袭明”的“袭”，承袭、保有的意思。“常”就是常道，“袭常”，因袭常道的意思。“袭”字王弼本原作“习”，意思很难讲通，《帛书老子》篆本作“袭”，所以就依据《帛书老子》篆本改作“袭”。

【说明】

本章旨在说明“守母”，也就是守道的重要。因为道能创生万物，就如“母”生“子”、“明”生“光”一样，守母能知子，守明能用光，守道才能控驭宇宙万有。这种执本驭末的情形，正是天地之间的常道。依循这个常道而行，终身都没有忧患。反之，如果妄用自己的聪明，放纵耳目的嗜欲，终身都不可救药了。

第五十三章

使我介然有知，行于大道，唯施（yì）是畏，大道甚夷，而民好径。朝甚除，田甚芜，仓甚虚；服文彩，带利剑，厌饮食，财货有余。是谓盗夸，非道也哉！

【译意】

假使我稍微有些知识，在大道上行走，所最担心的，便是走入邪路。大道极为平坦，可是一般执政者却偏喜欢走小径、行邪路，结果弄得朝廷非常混乱，田地非常荒芜，仓库非常空虚。而他们自己却穿着锦绣的衣服，佩着锐利的刀剑，吃着丰盛的酒食，搜刮来的钱财货物，怎么用也用不完。这种人简直是强盗头子，他们的行为实在不合乎道啊！

【解析】

“使我介然有知，行于大道，唯施是畏。”“使”，假如的意思。“介”，微小的意思。“大道”，大路，实际上指道德而言。“唯”，只的意思。“施”，和“迤”同，邪的意思。“唯施是畏”，就是“唯畏施”，“是”，语词，没有意思。

“大道甚夷，而民好径。”“夷”，平的意思。“民”，就是“人”，对上文“我”而言，指一般执政的人。“径”，邪曲小路。四十一章说：“夷道若类。”老子的道极为平坦，可是一般人都喜欢抄小路、走捷径。所以老子说：“行于大道，唯施是畏。”

“朝甚除，田甚芜，仓甚虚。”“朝”指朝廷。“除”，借为“污”，混乱的意思。“芜”，荒芜的意思。朝廷混乱，农田荒芜，仓库空虚，这都是由于执政者不行大道，自私自利，“服文彩，带利剑，厌饮食，财货有余”的结果。

“服文彩，带利剑，财货有余。”“服”动词，穿着的意思。“文彩”，指美好的衣服。“厌”，和“餍”同，饱足的意思。这几句话是形容在上位者生活的奢靡浮华，而其所以如此，就是由于多欲有为，结果弄得“朝甚除，田甚芜，仓甚虚”。

“是谓盗夸，非道也哉！”“夸”，大的意思。“盗夸”，就是盗魁，俗语所谓“强盗头子”。

【说明】

本章是说为政的人，应该无私无欲，表现无为，这样才合于大道。但是一般治政的人，却专走邪路，有私、有欲、有为，自己奢靡浮华，弄得政治混乱，人民冻饥，国力空虚。这种人所作所为，不合于“大道”，却合于“大盗”哩！

第五十四章

善建者不拔，善抱者不脱，子孙以祭祀不辍。修之于身，其德乃真；修之于家，其德乃余；修之于乡，其德乃长；修之于邦，其德乃丰。修之于天下，其德乃普。故以身观身，以家观家，以乡观乡，以邦观邦，以天下观天下。吾何以知天下然哉？以此。

【译意】

天下有形的东西，建立在外面的，一定会被拔掉，抱持在手上的，一定会被脱去。但道德是无形的，所以，善于建立的，在心中建立德，这样就不会拔掉；善于抱持的，在胸中抱持道，这样就不会脱去。建德抱道，不仅自己可以享受福禄，并且可以泽及子孙，世世不辍，祭祀永享。这个道和德并不是嘴上说说就算了的，一定要切切实实地身体力行才成。拿它来修身，他的德必定会充实；推广到一家，他的德必定会宽裕；推广到一乡，他的德必定会长足；推广到一国，他的德必定会丰盈；推广到天下，他的德必定会普遍。只要修为不辍，推得越广，德就越大，所以只要我修德，就可以以我一身，观察别人；以我一家，观察其他各家；以我一乡，观察其他各乡；以我一国，观察其他各国；以我现在的天下，观察过去和未来的天下。我怎么能够知道天下的情形呢？就是由于这个道理。

【解析】

“善建者不拔，善抱者不脱，子孙以祭祀不辍。”“建”，立的意思。“善建”，指建德而言；“善抱”，指抱道而言。“辍”，停止的意思。天下有形的东西，无论如何建立、抱持，都会被拔掉、脱除，只有把无形的道德，建立、抱持在心胸之中，则拔不掉也除不去，不仅自己可以得福，并且可以泽及子孙，宗庙祭祀，世世不绝。

“修之于身，其德乃真。”“真”，真实的意思。道德如果不修之于身，就成为一个空名；修之于身，道德才有真实意义。这句是本章的重心所在，因为“身”是本，“家”、“乡”、“邦”、“天下”是末，必定先修之于己身，其德充盈真实，然后才能推广到“家”、“乡”、“邦”、“天下”。

“修之于邦，其德乃丰；修之于天下，其德乃普。”“邦”，就是国家。王弼本原作“国”，是因为避汉高祖的讳而改的，《帛书老子》篆本仍作“邦”，作“邦”才能和下句“丰”字押韵，所以就依据《帛书老子》篆本改作“邦”。“丰”，丰盛的意思。“普”，普遍的意思。

“以身观身，以家观家，以乡观乡，以邦观邦，以天下观天下。”“以身观身”，是说以我之身，观人之身。因为同有这个身，必定同有这个德。推而广之，“家”、“乡”、“邦”、“天下”，无不如此。“以天下观天下”，是说以现在的天下，观过去和未来的天下。两“邦”字王弼本都作“国”，也依据《帛书老子》篆本改作“邦”。

【说明】

本章是老子的“内圣外王”之道，而重心则在“内圣”——修身。所以一开头便说：“善建者不拔，善抱者不脱。”因为离开修身而讲道德，便成为空谈。庄子说：“道的本真用来修身，残余的用来治理国家。”（《庄子·让王》）老子也主张由修身把德推广到家、乡、国、天下，不过那都是余事，并不是主要的目的。不像儒家，修身的目的，全在于治国平天下。这就是儒道两家精神不同之处。

第五十五章

含德之厚，比于赤子，蜂虿（chài）虺（huǐ）蛇不螫（shì），攫（jué）鸟猛兽不搏。骨弱筋柔而握固，未知牝牡之合而朘（zuī）作，精之至也。终日号而不嗄（shà），和之至也。知和曰常，知常曰明。益生曰祥，心使气曰强。物壮则老，谓之不道，不道早已。

【译意】

含德最厚的人，可以和天真无邪的婴儿相比。婴儿不识不知，柔弱冲和，纯然是一团天理，所以蜂虿虺蛇都不螫他，凶鸟猛兽都不扑击他。他的筋骨虽然柔弱，可是他的小拳头握起来却很紧。他虽然不知道男女交合的事情，可是他的生殖器却常常勃起，这是因为他精气充足的原因。他虽然整天号哭，可是他的嗓子却不会暗哑，这是因为他血气柔和的原因。能够知道这个“柔和”的道理的，就能合于常道，知道这个常道的就可称为清明。如果不知道这个常道，不顺应自然，而纵欲享受，过分地养生，就会产生灾祸。以有欲的心，驱使生理的本能，便是逞强。万事万物，一到强大盛壮的时候，便开始趋于衰败，因为强壮是不合于道的。不合于道的事，如暴风骤雨，很快就会消逝。

【解析】

“含德之厚，比于赤子。”“赤子”，婴儿。婴儿柔弱、纯洁、无知无欲、充满生机，所以老子常常用来比喻得道的人。

“蜂虿虺蛇不螫，攫鸟猛兽不搏。”“虿”，毒虫名，蝎子的一种。“虺”，毒蛇的一种。“螫”，毒虫用尾部刺人。蛇虺虽没有毒尾，但用“信”刺人，也可称“螫”。“攫”，和“瞿”同，猛鸷的意思。“攫鸟”就是鸷鸟。“搏”，扑取的意思。这句王弼本原作“猛兽不据，攫鸟不搏”。和上句“蜂虿虺蛇不螫”文字不整齐一律，《帛书老子》篆本和隶本都作“攫鸟猛兽不搏”，所以就依据《帛书老子》改正。

“骨弱筋柔而握固，未知牝牡之合而朘作，精之至也。”“握固”，握拳紧牢。“牝牡”，禽兽雌的叫“牝”、雄的叫“牡”，引申指阴阳二性。“朘”，婴儿生殖器。王弼本原作“全”，《帛书老子》隶本作“朘”，《说文·肉部》说：“朘，赤子阴也。”可见“朘”是本字，“全”是借字，所以依据《帛书老子》改字“朘”。“作”，举起的意思。“精”，精纯的意思。婴儿无心，握拳牢固，阴茎自举，都是精气充足所至，生理的自然现象。

“终日号而不嗄，和之至也。”“号”，哭的意思。“嗄”，声音沙哑叫“嗄”。“和”，柔和的意思。婴儿成天号哭，而声音不会沙哑，是由于血气柔和的原因。

“益生曰祥，心使气曰强。”“益生”，不顺自然过分养生，就是五十章“生生之厚”的意思。“祥”，祸福都可称“祥”，这里专指祸而言。过分养生，反而得祸，所以说：“益生曰祥。”“气”，就是十章“专气致柔”的“气”，指生理的本能。“强”，坚强的意思。是“柔弱胜刚强”的“强”，不是“守柔曰强”的“强”。老子主张“实其腹”（三章），主张“专气致柔”（十章），所以反对“心使气”。因为“心有知觉，气无情虑”（《庄子·人间世》郭注）。以心使气，有违自然，其结果非死则灭。所以说：“心使气曰强。”

【说明】

本章是拿赤子来比喻含德至厚的修道者。人初生的时候，无知无欲，一片天机，可以说是德性最厚的时候，所以孟子也说：“大人者，不失其赤子之心。”（《孟子·离娄下》）等到长大以后，嗜欲日深，诈伪日增，于是要“益生”了，要“心使气”了，原来的厚德，也日渐丧失了。所以老子要人保持婴儿的心理，以免离道日远，而保持的方式非常简单，一是“精”，二是“和”，能够守得“精”与“和”，那就合乎常道常德了。

第五十六章

知者不言，言者不知。塞其兑，闭其门；挫其锐，解其纷；和其光，同其尘；是谓玄同。故不可得而亲，不可得而疏，不可得而利，不可得而害；不可得而贵，不可得而贱；故为天下贵。

【译意】

智者晓得道体精微奥妙，所以勤而行之，不敢多言；而好自我炫耀，成天喋喋不休的人，根本不晓得“道”，所以便不是智者。堵塞情欲的孔道，关闭情欲的门径。收敛锋芒，消除纷扰，隐藏光芒，混同尘俗。这就叫做“玄同”。修养能到达这种境界，完全超然物外，淡泊无欲，既无法和他亲近，也无法和他疏远；既无法使他得利，也无法使他受害；既无法使他高贵，也无法使他低贱。到达这种超出亲、疏、利、害、贵、贱的人，才是天下最了不起的人。

【解析】

“知者不言，言者不知。”“知”，和“智”同，和下面“不知”的“知”相同。因为“道可道，非常道”。智者晓得言语的功用有限，不能“尽意”，且道也不在于空言，所以勤而行之，而不多言。反之，一些愚者却自认为无事不知，无物不晓，而成天地喋喋不休。又两个“知”字读第一声，解作“知道”，也可以通。

“塞其兑，闭其门。”这两句已见于五十二章解析。

“挫其锐，解其纷，和其光，同其尘。”这四句已见于四章解析。又“纷”字王弼本原作“分”，但第四章作“纷”，《帛书老子》篆本和隶本也都作“纷”，所以依据第四章及《帛书老子》改作“纷”。

“是谓玄同。”“玄同”，和物大同而又无迹可见。实际上是指同于大道。

“不可得而亲”至“不可得而贱”六句。因为得道的人超然物外，所以不可得而亲。慈爱万物，所以不可得而疏。不贵财货，所以不可得而利。淡然死生，所以不可得而害。轻视王侯，所以不可得而贵。处卑居下，所以不可得而贱，超然于亲疏、利害、贵贱，这就是“玄同”的境界。

【说明】

本章是说明修道的方法和修道的效果。从“塞其兑”到“同其尘”是修道的方法，而其大前提还在“不言”，因为“不言”然后才能力行。从“故不可得而亲”到结尾，是修道的效果。这个修养的结果是“玄同”，也就是到达了和道同体的地步，“故为天下贵”。

第五十七章

以正治国，以奇用兵，以无事取天下。吾何以知其然哉？以此。天下多忌讳，而民弥贫；民多利器，国家滋昏；人多伎巧，奇物滋起；法令滋彰，盗贼多有。故圣人云：我无为而民自化，我好静而民自正，我无事而民自富，我无欲而民自朴。

【译意】

用正道治理国家，用奇术带兵作战，但治理天下，正奇两种方式都不能用，唯有用无为的方法。我怎么晓得是这样的呢？是从下面几件事看出的：天下的禁令太多，人民动辄得咎，不能安心工作，所以越来越贫穷。人民的权诈太多，人人欺骗争夺，国家就越来越混乱。人民的伎巧太多，奇巧的物品就越来越多，人的欲望也就越来越大。法令过于繁苛，束缚人民自由太过，逼得人民无法生活，盗贼就到处都有。所以圣人说："我无为而治，人民就自然化育；我喜欢清静，人民就自然纯正；我不施教令，人民就自然富足；我没有私欲，人民就自然朴实。”

【解析】

“以正治国，以奇用兵，以无事取天下。”“正”，正道。由本章下文“我好静而民自正”，及四十五章“清静以为天下正”，知道这个“正”字是指清静无欲之道。“奇”，奇巧的意思，指权谋诡诈等。“无事”，就是无为。“取”，就是四十八章“取天下常以无事”的“取”，治理的意思。

“天下多忌讳，而民弥贫；民利多器，国家滋昏。”“忌讳”，指禁令等。“利器”，和三十六章“国之利器”的“利器”相同，指权谋。“滋”，和上文“弥”字的意思相同。“滋昏”，更加昏乱的意思。国家忌讳禁令太多，人民生活不易，所以“而民弥贫”。人民权谋诡诈太多，投机取巧，干法犯令，所以“国家滋昏”。

“人多伎巧，奇物滋起；法令滋彰，盗贼多有。”“伎”和“技”同，“伎巧”就是技巧。“奇物”，新奇巧妙的物品。“彰”，严明、严苛的意思。人多伎巧，新奇的物品就会不断产生，使得人的欲望加深，争逐更激烈，所以老子反对。法令过于严苛，逼得人民铤而走险，所以“盗贼多有”。

【说明】

本章在说明治国、平天下的道理。治国、平天下和用兵不同，用兵尚奇，所谓“兵不厌诈”，国家和天下小大虽不一样，但治理的方式却相同，那就是无为、好静、无事、无欲，这些没有一样和“用兵”的“奇”道相同，所以称为“正”，因为这些都是治理天下国家的正道。人民在这些“正”道的感化下，就能“自化”、“自正”、“自富”、“自朴”，没有一点勉强的意思，这就是所谓的“自然”了。

第五十八章

其政闷闷，其民淳淳；其政察察，其民缺缺。祸兮福之所倚，福兮祸之所伏。孰知其极，其无正。正复为奇，善复为妖。人之迷，其日固久。是以圣人方而不割，廉而不刿（guì），直而不肆，光而不耀。

【译意】

治国者无为无事，政治看起来好像昏暗，但人民因为安定自由，民风反而日趋淳厚；治国者有为有事，政治看起来好像是清明，但人民因为不堪束缚，民风反而日趋浇薄。所以灾祸的里面隐藏着幸福，幸福的下面潜伏着灾祸。谁知道它们的究竟呢？它们是没有一定的。正可能变成奇，善可能变成恶。人们迷惑而不晓得这个道理实在太久了。只有圣人能善处这个祸福无定，奇正相生，善妖互变的情形，而固守着一个常道。所以圣人虽然方正，但能与世推移，所以不会戕贼人。他们虽有廉棱，但能清静无为，所以不会伤害人。他们虽然刚直，但能柔弱谦下，所以不会放肆凌人，他们虽然光明，但能隐藏锋芒，所以不会耀眼刺人。

【解析】

“其政闷闷，其民淳淳；其政察察，其民缺缺。”“闷闷”，昏暗不明的样子，喻政治的清静无为。“淳淳”，淳朴的意思。“察察”，严明的样子，喻政治的繁苛严刻。“缺缺”，疏薄的意思。治政者清静无为，似乎没有政绩好举，但人民反而诚厚纯朴，如西汉的文景之治就是。反之，治政者设刑立禁，似乎政绩不胜枚举，但人民反而浇薄诈伪，如秦朝法家之治就是。

“祸兮福之所倚，福兮祸之所伏。”“倚”，依凭的意思。“伏”，隐藏的意思。这两句的意思是说祸福无定。《淮南子·人间训》里有一段“塞翁失马”的故事可以说明这个道理。故事是说：“塞上有一个人，马跑到胡地去了，邻居们都来安慰他。他的父亲说：‘这焉知道不是福呢？’几个月后，这匹马带了一匹胡地的骏马回来，邻居们都来向他道贺。他的父亲说：‘这焉知道不是祸呢？’他果然后来骑马跌跛了腿，邻居们又来安慰他。他的父亲说：‘这焉知道不是福呢？’一年后，胡人大举入塞，壮年都被拉去作战，死掉十分之九，而唯独他因为跛足的关系，能够和父亲相保无事。”

“孰知其极，其无正。”“孰”，“谁”的意思。“极”，终极、究竟。“正”，定的意思。“无正”就是无定。这是说祸福循环，没有人知道它的究竟，而祸福也没有一定。

“正复为奇，善复为妖。人之迷，其日固久。”“奇正”是用兵的方法，“正”是常，“奇”是变。静是“正”，动是“奇”，但常和变互用，静和动互变，因此奇正变化多端。孙子曾说：“奇正的变化，没有穷尽。(《孙子·势篇》)又说：“奇正相生，如循环没有首尾。”(同上)所以说：“正复为奇。”“妖”，作“不善”讲，和“善”的意思相反。“善复为妖”的意思，和“正复为奇”相同，第二章说：“天下皆知善之为善，斯不善已。”可以作为这一句话的注解。

“方而不割，廉而不刿，直而不肆，光而不耀。”“割”是割伤的意思。凡方形都会割伤人，四十一章说：“大方无隅。”圣人虽方但能与世推移、随俗方圆，表现“无隅”，所以“方而不割”。“廉”，棱角，“刿”，伤的意思。凡廉棱都会伤人，圣人虽有棱角，但能柔弱谦下，所以“廉而不刿”。“肆”，放肆的意思，四十五章说：“大直若屈。”圣人虽直，但能“若屈”，所以“直而不肆”。“耀”和“耀”同，炫耀、耀眼的意思。五十六章说：“和其光。”虽有光，但圣人能“和其光”，所以“光而不耀”。

【说明】

本章在说明祸福无定，奇正无端，善恶无准，一切都是变化无常的道理。一般人不晓得这个道理，仅看到一个正面，不能深入一层看到反面，所以往往求福而得祸，遇善而为妖。圣人晓得这个无常的道理，所以主张守常以应变。所谓守常，就是“守柔”、“处下”。因为我已处于“柔”、“下”的地位，那客观形势无论怎样变化，我也不会受到影响。这就是为什么圣人能够“方而不割，廉而不刿，直而不肆，光而不耀”的原因了。

第五十九章

治人、事天，莫若啬。夫唯啬，是以早服。早服谓之重积德；重积德则无不克；无不克则莫知其极；莫知其极，可以有国；有国之母，可以长久。是谓深根固柢，长生久视之道。

【译意】

治人修身，最好的方法莫过于爱惜精神，节俭智识。因为只有爱惜精神、节俭智识，才能在灾祸来临之前，及早服从于道；及早服从于道，就是厚积德；能够厚积德，做到清静、无为、自然，就没有事不能克服；事事都能克服，就无法测度他力量的极致；力量大到无法测度，就能治理政治、秉有国家；秉有治国的根本之道，就可以维持长久。这就是根深蒂固、长久生存的道理。

【解析】

“治人、事天，莫若啬。”“天”，指天所赋予人的本能。“事天”，就是修身的意思。“啬”，就是六十七章“三宝”中的“俭”，节俭爱惜的意思，《韩非子·解老》篇说：“啬，就是爱惜精神，节省智识。”“啬”和“吝”不同，以钱财为例，“啬”是衡量钱财的多少而加以节用，富不死藏，贫不告贷。“吝”是无论有多少钱财，不分给别人一点，只自己一人享受。所以老子主张“既以为人”，“既以与人”（八十一章），和主张“啬”丝毫不相违背。

“夫唯啬，是以早服；早服谓之重积德。”“是以”，王弼本原作“是谓”，但全书通例是上文用“夫唯”，下句开头不用“是以”就用“故”（“故”也是“是以”的意思），所以这里的“是谓”应该是“是以”的错误，《帛书老子》隶本就作“是以”，所以依据《帛书老子》隶本改作“是以”。“服”，动词，服从的意思，“早服”是说早服从于道，“重积德”，就是多积德、厚积德。

“无不克则莫知其极；莫知其极，可以有国。”“克”，克服的意思。“极”，尽头。“有国”，秉有国家的意思。本章都是讲的“内圣外王”的功夫，这里的“秉国”就是遥应第一句“治人”。

“有国之母，可以长久。是谓深根固柢，长生久视之道。”“母”，指道而言。“有国之母”，是说秉有治理国家的根本大道。“柢”，和“根”的意思相同。“视”，活的意思。“长生久视”，就是生命永存。

【说明】

本章在说明“治人、事天”，全在一个“啬”字。“啬”就是“俭”，“俭”是老子的“三宝”之一，“啬”的重要由此可见。俭啬，才能修养天机，蓄积精神，而达到纯真质朴的境界。如果“旦旦而伐之”，戕贼身心，耗费精神，最后必至枯萎死亡。所以和“俭啬”同方一面的词，老子都赞成，如损、洼、敝、少等就是，而“俭啬”反面的词，老子都反对，如益、盈、新、多等就是。老子之所以主张“去甚、去奢、去泰”（二十九章），正是因为这些都是反“啬”的啊！

第六十章

治大国，若烹小鲜。以道莅天下，其鬼不神；非其鬼不神，其神不伤人；非其神不伤人，圣人亦不伤人。夫两不相伤，故德交归焉。

【译意】

烹煮小鱼，不能常常翻动，翻动太多，小鱼就破碎了。治理大国，和烹煮小鱼一样，要清静无为，不能政令繁苛，政令太过繁苛，人民不堪其扰，国家就混乱了。用清静无为的道理治理天下，天神人鬼都能各安其位，所以鬼不会作祟来伤害人；不仅鬼不会伤害人，神也不会伤害人；不仅神不会伤害人，圣人也不会伤害人。在上位的国君和在下位的人民，互相都不伤害，就能够一齐归化于道德了。

【解析】

“治大国，若烹小鲜。”“小鲜”，小鱼。烹调小鱼，不能常常翻动，常常翻动，就会破碎。这里用“烹小鲜”来比喻治理国家，不能过分烦扰人民，要以清静无为为治，使人民各安其位，各遂其生。

“以道莅天下，其鬼不神；非其鬼不神，其神不伤人。“莅”，临的意思。“不神”的“神”，形容词，相当于口语里“神气”，“鬼不神”，是说鬼不能作祟来伤害人。“非”，和“匪”同，不但的意思。“其神”的“神”是名词，就是指神灵。

“夫两不相伤，故德交归焉。”“夫”，发语词，没有意思。“两不相伤”，指国君和人民互不伤害。国君“以道莅天下”，人民各安其位，各遂其生，这是君不伤民；人民因为能够安其位、遂其生，所以暴乱不生，国家安宁，社稷永固，这是民不伤君，所以说：“两不相伤。”“德交归”，是说德既归于国君，也归于人民，也就是说国君和人民都能化于道德。

【说明】

本章用烹调小鱼，来比喻治理国家应以无为的方式来治理。以无为治理的结果，人民各安其位，各遂其生，不需要求福于鬼神，在这种情形下，鬼无法行其虐，神不能施其威。而鬼神都不能害人，则完全是由于治政的圣人不害人的结果。治政者和人民两不相害，所以就能一齐修道养德了。

第六十一章

大国者下流，天下之牝，天下之交。牝常以静胜牡。以其静，故宜为下。故大国以下小国，则取小国；小国以下大国，则取大国。故或下以取，或下而取。大国不过欲兼畜人，小国不过欲入事人。夫两者各得其所欲，大者宜为下。

【译意】

大国和小国之间相处之道是这样的：大国应该像江海一样，处于低下的地位，表现得像天下雌性动物那样柔弱，成为天下人归结之所。要知道雌性动物常常因为安静而胜过雄性动物，因为它安静，所以应该表现得卑下。所以大国能对小国谦下，就能取得小国的依附；小国能对大国谦下，就可以取得大国的包容。一个是用谦下取得他国的依附，一个是用谦下取得他国的包容，而大国不过是想要包容小国，小国也不过是想要依附于大国。两者要各得其所欲，都应该谦下才行，不过大国更应该谦下一点而已。因为小国谦下，不过能保全自身；大国谦下，则能令天下人归往啊。

【解析】

“大国者下流，天下之牝，天下之交。”“下流”，水向下流注。这里比喻低下卑湿的地方。“交”，名词，交会、会归的地方。“天下之牝，天下之交”，王弼本原作“天下之交，天下之牝”，但《帛书老子》篆本和隶本都作“天下之牝，天下之交”。细细寻味文意，《帛书老子》的次序似乎要好一点，所以就依据《帛书老子》把王弼本的文字颠倒过来。

“牝常以静胜牡。”动物中的雌性和雄性，包括人类，表面上看起来，雄性高大、强壮，似乎要强些，而实际上无论是就耐寒、耐热、耐饥、耐苦哪一方面讲，都是雌性较强，就人类的寿命而言，也是女性平均较高，所以雌性才是真正的强者。而雌性之所以强过雄性，就在于安静、柔弱。

“以其静，故宜为下。”王弼本原作“以静为下”，但注说：“以其静，故能为下也。”《帛书老子》篆本和隶本都作“为其静也，故宜为下也”，都比原来的“以静为下”要通顺得多，所以就依据《帛书老子》、王注，及其他古本改作“以其静，故宜为下”。

“故大国以下小国，则取小国；小国以下大国，则取大国。”“取”，得的意思。“取小国”，由下文“小国不过欲入事人”，知道是指取得小国的入事。“取大国”，由下文“大国不过欲兼畜人”，知道是指取得大国的兼畜。

“故或下以取，或下而取。”两个“或”字是代名词，按次序上句“或”字指大国，下句“或”字指小国。这种用法和七十三章“或利或害”句中的“或”字相同。上句“以取”、下句“而取”，“以”和“而”意思相同，只是换字以求变化而已。

“大国不过欲兼畜人，小国不过欲入事人。”“畜”，养、纳的意思，“兼畜”，就是兼养、包容。这两句是说大国的目的不过要并容小国，以满足其欲望；小国的目的不过要入事大国，以企求其生存。

“夫两者各得其所欲，大者宜为下。”“夫”，发语词，没有意思。“两者”，指大国和小国。大国和小国想要各得其所欲，都应该谦下，只不过在比较之下，大国比小国应该更谦下一点，原因就在于他是大国。

【说明】

本章在说明大国和小国相处之道，端在谦下、柔弱。小国谦下，固然能达到其维持生存的目的。大国谦下，也能达到其兼畜的目的。反之，若逞强争胜，小国固然要灭亡，大国也难以维持长久。因为恃强凌弱，以众暴寡的结果，往往引起天下叛离，最后还是不免于灭亡，历史上欧洲的罗马帝国、中国的秦朝，不都是最好的例证吗？但要小国谦下容易，要大国谦下则难，所以本章在开头说:“大国者下流。”在结尾又说:“故大者宜为下。”实在是有很深刻的意思。

第六十二章

道者万物之奥，善人之宝，不善人之所保。美言可以市尊，美行可以加人。人之不善，何弃之有？故立天子，置三公，虽有拱璧以先驷马，不如坐进此道。古之所以贵此道者何？不曰求以得，有罪以免邪？故为天下贵。

【译意】

道是万物中最尊贵的。善人用道立身行事，把道看作宝贝；不善的人也不敢违背道，而时时保守着它。善人修道，说出话来都美好感人，能得到人家的尊敬；做出事来都美好感人，可以用来作为人家的法则。至于不善的人，虽没有美言美行，但他能保守着道，道又怎么能舍弃他呢？所以奉立天子，设置三公的时候，虽然先用大的璧玉，后用四匹骏马作为献礼，还不如跪着献上这个道。古时候特别尊贵这个道，究竟是什么原因呢？难道不是说因为这个道，有求就能得道，有罪就可以获得赦免吗？所以，道实在是天下最贵重的了。

【解析】

“道者万物之奥，善人之宝，不善人之所保。”“奥”，房室中的西南隅叫“奥”，是尊者所住的地方，所以引申就有尊贵的意思。“保”，保有、依恃的意思。因为道最尊贵，所以善人固然把它当宝贝，不善的人也保有它，依恃它。

“美言可以市尊，美行可以加人。”“市尊”，获得尊敬。“加人”，加之于人，使人依照着去做。这两句是承上文“善人之宝”而言。王弼本原作“美言可以市，尊行可以加人”。意思很不完满。《淮南子》的《道应训》和《人间训》两次引这两句都作“美言可以市尊，美行可以加人”。文字既整齐，意思也很通畅，所以就依据《淮南子》引用的文字增补修改。

“人之不善，何弃之有？”这两句是承上文“不善人之所保”而言。是说不善的人既保有道，道也不拒人于千里之外。

“虽有拱璧以先驷马，不如坐进此道。”“拱”，合手叫做“拱”。“拱璧”，就是大璧。“驷”和“四”同，“驷马”，就是四匹马，一乘的数目。古时送礼之前，一定先要有一点馈赠，两次的赠送，习惯是先送轻礼，后送重礼。例如《左传》就有：“郑商人弦高，以乘韦先牛十二犒师。”“乘韦”是四张熟牛皮。四张熟牛皮礼轻，十二头牛礼重，所以弦高在送十二头牛之前，先送上四张熟牛皮。同理，“拱璧”礼轻，“驷马”礼重，所以在送“驷马”之前，先送拱璧。“坐”，解作“跪”。古人席地而坐，臀部靠在小腿上叫“坐”，上身挺直叫“跪”。

“求以得，有罪以免邪？故为天下贵。”“求以得”，有求就有得。“免”，赦免、免除的意思。这是说人求道就能得道，若保有这个道，纵使有罪，也可免罪。“求以得”，应前文“善人之宝”，“有罪以免”，应前文“不善人之所保”。“故为天下贵”，则是应首句“道者万物之奥”。

【说明】

本章在说明道是万物中最尊贵的，万物都不能离道而生存。人也是如此。善人守道，固然能“美言市尊，美行加人”。不善的人守道，也能“有罪以免”。所以天子、三公，虽有拱璧、驷马，还不如拥有这个道，因为拱璧、驷马，价值有限，而道则价值无限。拱璧、驷马，固然有益，也可能有害。而道则绝对无害有益，这就是道之所以“为天下贵”的原因了。

第六十三章

为无为，事无事，味无味。大小多少，报怨以德。图难于其易，为大于其细。天下难事，必作于易；天下大事，必作于细。是以圣人终不为大，故能成其大。夫轻诺必寡信，多易必多难。是以圣人犹难之，故终无难矣。

【译意】

圣人治理天下，以无为作为治政的根本，以无事作为行政的原则，以恬淡作为施政的态度。他能见微知著，注意到一般人所忽略的地方。当事物很小的时候，他就能看到它们发展成很大的情形，而预先作准备。所以当有仇怨的时候，他却以恩德来回报，以消除仇怨。他解决难事，从容易的地方入手，作为大事，从细微的地方开始。这是因为天下的难事，必定从容易而来；天下的大事，必定从细微而生。所以圣人始终不自以为伟大，因此反而能成就他的伟大。轻易地允诺，必定因不能兑现而失信；把事情看得太容易，必定会遭遇到困难。圣人把任何事都看得很困难，所以始终不会发生什么困难。

【解析】

“味无味。”是说以“无味”为味，也就是以恬淡为治的意思。上一个“味”字是动词，下一个“味”字是名词，三十五章说：“道之出口，淡乎其无味。”所以“无味”是指道而言。

“大小多少，报怨以德。”“小”和“少”是名词，代替隐微不显的事物。“大”和“多”是动词。任何大或多的事物，都是由“小”或“少”而来，所谓“莫见乎隐，莫显乎微”（《中庸》）就是这个道理。圣人识得这个道理，所以事虽小而能识其大，物虽少而能知其多。“德”是恩德的意思。别人对我有怨恨，我却用恩德来回报他，这就是圣人对人的态度。

“图难于其易，为大于其细。天下难事，必作于易；天下大事，必作于细。”“图”，动词，谋虑的意思。“作”，产生、兴起的意思。难必生于易，大必生于细，但任何难事、大事，当在“易”、“细”的时候，往往为人所忽略，殊不知星星之火，可以燎原；涓涓之流，可以成灾。圣人识得这个道理，所以当事在“易”、“细”的时候，就加以解决，因而能够灾难不生，祸患绝迹。

“轻诺必寡信，多易必多难。”“诺”是应允的意思。轻于允诺，难以兑现，终必至于失信。把事情看得太容易，而掉以轻心，必定会遭逢到很多困难。“轻诺”就是“多易”的表现，“寡信”就是“多难”的证明。

“是以圣人犹难之，故终无难矣。”“难”是动词“难之”，把容易的事看作困难。圣人治政，能够无为、无事，就在于“图难于其易，为大于其细”，消除灾难于无形，因而没有任何困难产生。

【说明】

“天下难事，必作于易；天下大事，必作于细。”这是人世间的自然情形。本章就在说明圣人识得这个道理，而能“图难于其易，为大于其细”。因而“终无难矣”。而其“图”、“为”的方法，就在“无为”、“无事”、“无味”，换言之，也就是无私。所有这些，从“报怨以德”一句话就可以得到消息了。

第六十四章

其安易持，其未兆易谋，其脆易泮（pàn），其微易散。为之于未有，治之于未乱。合抱之木，生于毫末；九层之台，起于蔂（lěi）土；千里之行，始于足下。为者败之，执者失之。是以圣人无为故无败，无执故无失。民之从事，常于几成而败之。慎终如始，则无败事。是以圣人欲不欲，不贵难得之货；学不学，复众人之所过。以辅万物之自然，而不敢为。

【译意】

安定的情况，容易持守；未见兆端的事情，容易图谋；脆弱的东西，容易分解；细小的东西，容易散失。所以在事情尚未萌芽的时候，就要预先处理；在乱事尚未形成的时候，就要早作防备。合抱的大木，是从嫩芽长起来的；九层的高台，是由一筐筐泥土筑起来的；千里的远行，是由一步步走出来的。这些都是顺自然而行的结果，并不是出于有心作为。如果有心作为，必遭挫折；固执己见，必定失败。圣人无所作为，所以没有挫折；无所执着，所以没有失败。一般人做事，常常到快要成功的时候，反而失败了。这就是因为在事情快要成的时候，常常大意疏忽的缘故。如果在事情快要完成的时候，也像开始时一样的谨慎小心，循道而行，就不会失败了。所以圣人无所执着，一切循道而行，他所欲求的就是没有欲念，不重视珍贵的货物；他所要学的就是没有学识，以挽救人们离道失真的过失，以辅助万物自然发展，而不敢有所作为。

【解析】

“其安易持，其未兆易谋，其脆易泮，其微易散。”“持”，守的意思。“兆”，朕兆，事机先显现的叫“兆”。“谋”，图谋、谋虑的意思。“脆”，脆弱的意思。这四句话在说明事物在开始的时候，最要注意，一朝形成，就难以解决。

“合抱之木，生于毫末；九层之台，起于蔂土；千里之行，始于足下。”“木”，指树木。“合抱”，形容树木的粗大。“毫末”，毫毛的末端，比喻极端的细小。“蔂”，土蒉，就是盛土的筐筐。王弼本原作“累”，意思不很清楚，《帛书老子》隶本作“蔂”，非常正确，所以就依据《帛书老子》隶本改作“蔂”。“蔂土”，一筐土。《中庸》说：“登高必自卑，行远必自迩。”任何事情急不得，快不得，投机不得，都要顺着自然一步步地去做。就是这几句话的意思。

“民之从事，常于几成而败之。慎终如始，则无败事。”“从事”，就是行事、做事。“几”，近的意思。“几成”，接近成功。“败之”的“之”，指“事”而言。一般人做事，往往有始无终，最后弄得功亏一篑，实在可惜。如果能在完成的时候，像开始的时候一样小心，就不会有这种情形了。所以说：“慎终如始，则无败事。”

“是以圣人欲不欲，不贵难得之货；学不学，复众人之所过。”“不欲”，就是“无欲”。圣人所欲的就是无欲，所以说：“欲不欲。”“不学”，就是二十章“绝学无忧”的“绝学”，也就是无知无识的意思。圣人所要学的就是无知无识，所以说：“学不学。”“过”，指一般人离道失本，违反自然。圣人要使人复归于道，返回自然。所以说：“复众人之所过，以辅万物之自然。”

【说明】

本章是继续上章的意思再加以发挥。上章的主旨是“无为”，本意也是如此。所以文中说“为者败之，执者失之”。又说“无为故无败，无执故无失”。又说“欲不欲，学不学，以辅万物之自然”。虽然“为之于未有，治之于未乱”这两句话，看起来好像是有所作为，但这种作为还是依循自然，无所为而为，还是合于无为的精神。

第六十五章

古之善为道者，非以明民，将以愚之。民之难治，以其智多。故以智治国，国之贼；不以智治国，国之福。知此两者，亦稽式。常知稽式，是谓玄德。玄德深矣，远矣，与物反矣，然后乃至大顺。

【译意】

古时候善于用道治国的人，不是要人民明智机巧，而是要人民质朴敦厚。人民所以难治，是因为他们智巧诡诈太多的缘故。所以治国的人用智巧治理国家，使人民也产生智巧，则是国家的祸害；不用智巧治理国家，使人民保持淳朴的本性，则是国家的幸福。知道这两种治国方式的差别，而有所取舍，就是一种法则。长久记住并实行这一个法则，可以称为玄妙无上的德。这玄妙无上的德既深奥，又久远，又和万事万物相反，可是依循它而行却可以顺合于自然。

【解析】

“古之善为道者，非以明民，将以愚之。”“善为道者”，指能以道修身治国的国君。“明”和“愚”是相对词，都是动词。“明民”，使人民有智巧。“愚之”，使人民纯朴敦厚。“将”，“是”的意思。和上文“非”字的意思相反。

“知此两者，亦稽式。常知稽式，是谓玄德。”“两者”，指上文“以智治国，国之贼；不以智治国，国之福。”“亦”，相当于口语的“就是”。“稽”，和“楷”同，楷模的意思。“稽式”就是“楷式”，法则、标准的意思。“玄德”，深微玄妙的德。

“玄德深矣，远矣，与物反矣，然后乃至大顺。”“反”，相反的意思。老子的道，和普通事物完全相反，人取先，他取后，人取强，他取弱，人求智，他守愚，人有为，他无为，这就是“反者道之动”了。“大顺”，顺于自然，所以称“大顺”。“然后乃至大顺”，是说依循“玄德”而行，就可以复归于自然。

【说明】

本章在说明治国不能用智。用智治国，就是“国之贼”；反之，不用智治国，使人民无知无识，朴实纯厚，却是“国之福”。表面看来，好像是老子主张愚民政策，其实不然。老子认为“智慧出，有大伪”（十八章），所以反对“智”。他固然主张人民无智，同样的，他也反对人君“以智治国”。他的理想是君民上下都不用智，而同归于诚朴。这是老子的理想政治。我们只要看他说：“我无为而民自化，我好静而民自正，我无事而民自富，我无欲而民自朴。”（五十七章）就可以知道他并不是主张愚民政策了。

第六十六章

江海所以能为百谷王者，以其善下之，故能为百谷王。是以圣人欲上民，必以言下之；欲先民，必以身后之。是以处上而民不重，处前而民不害。是以天下乐推而不厌。以其不争，故天下莫能与之争。

【译意】

江海所以能成为百川之王，使所有的河流奔注，是因为它善于自处低下的地位，才能成为百川之王。所以圣人想要居于万民之上，必定要对人民言语卑下，处处冲和；想要居万民之前，必须对人民态度谦恭，事事退后。所以圣人虽居于上位，而人民并不感到有什么负担；虽站在前头，而人民并不感到有什么损害。所以天下的人民都乐于推戴他而不厌弃。这都是圣人不和任何人相争，所以天下就没人能争得过他。

【解析】

“江海所以能为百谷王者，以其善下之，故能为百谷王。”“百谷”，相当于“百川”，指所有的河流。“王”，《说文》解释为“天下所归往”。所有的河流都归往江海，所以江海能成为“百谷王”。“下”，动词，“下之”，居百谷之下。“之”指百谷。

“是以圣人欲上民，必以言下之；欲先民，必以身后之。”“圣人”，王弼本原没有这两个字，《帛书老子》篆本和隶本都有，细细寻味文义，有这两个字比较通畅，所以就依据《帛书老子》增补“圣人”二字。“上”、“下”、“先”、“后”，都是动词。两个“之”字都是指“民”而言。“以言下之”就是三十九章所说的“自谓孤、寡、不穀”。“以身后之”就是七十八章所说的“受国之垢”、“受国不祥”。

“是以处上而民不重，处前而民不害。”“是以”下面王弼本原有“圣人”两个字，当是前面错移到这里的，《帛书老子》篆本和隶本都没有，所以就依据《帛书老子》删去这两个字。圣人治政，无为无事，因任自然，所以“处上而民不重，处前而民不害。”“不重”，不以为重的意思。

“是以天下乐推而不厌。”“推”，推戴的意思，“厌”，厌烦、厌弃的意思。

【说明】

本章借江海处下而能成为百谷之王，来比喻圣人处下，当能为人民之王。三十九章说："是以侯王自谓孤、寡、不穀。"这是以言下民；七十八章说："受国之垢，是谓社稷主；受国不祥，是谓天下王。"这是以身后民。但"后其身而身先"（七章）处人之下则能用人（六十八章），所以这种"不争"，其结果反而"天下莫能与之争"。

第六十七章

天下皆谓我道大，似不肖。夫唯大，故似不肖。若肖，久矣其细也夫！我有三宝，持而保之。一曰慈，二曰俭，三曰不敢为天下先。慈故能勇，俭故能广，不敢为天下先，故能成器长。今舍慈且勇，舍俭且广，舍后且先，死矣！夫慈，以战则胜，以守则固，天将救之，以慈卫之。

【译意】

天下人都说我的道太大，似乎没有一样东西可以比拟。正因为道太大，所以没有东西可以比拟。如果像某一样东西，就减低了它的伟大性，早就变成渺小而不值得一顾了。我有三件宝贝，紧紧地保守而不失去。第一件是慈爱，第二件是俭啬，第三件是不敢居于天下人之先。慈爱，就能维护众生，所以能产生勇气；俭啬，就能蓄精积德，所以能推致广远：不敢居于天下人之先，则反而得到爱戴，所以能成为万物的长官。如果不能慈爱而只求勇敢，不能俭啬而只求广远，不能居人之后而只求争先，那必定是死路一条了。三宝之中，慈爱最为重要，用慈爱的心作战，则能获胜；用慈爱的心防守，则能巩固。天要救助人，一定用慈爱的心来保卫他。

【解析】

“天下皆谓我道大，似不肖。”“肖”，像的意思。老子的道，就体而言，无状无象，但却无所不包。就动而言，完全和世俗之道相反，但却能自成系统，解释一切现象。就用而言，主弱处后，但却能取强居先。似乎和有状有象、逞强争先的万事万物都不相同，所以说：“似不肖。”

“夫唯大，故似不肖。若肖，久矣其细也夫！”“细”，细小、渺小的意思。任何一个宗教、学派，一定要有深远广大的思想作为基础，然后才能推致广远，才能应用无穷。小道，虽然也有它的一偏之用，但是要想推致广远，就要阻滞不通了。孔子就曾说过：“虽小道，必有可观者焉，致远恐泥，是以君子不为也。”（《论语·子张》）这就是中国先秦诸子百家，可观的只有九流十家，而对我们影响最大的，也只有儒、道二家而已。老子的道，正因为广大而无所不包，所以不像任何事物，如果像的话，早已就渺小到不值一提了，哪里还能够流传到今天呢！

“一曰慈，二曰俭，三曰不敢为天下先。”“慈”，就是爱，治政者爱百姓如慈母爱婴儿，所以称“慈”。“俭”，节俭爱惜，和五十九章“啬”字的意思相同。“不敢为天下先”，就是谦下退让的意思。

“慈故能勇，俭故能广，不敢为天下先，故能成器长。”“慈”就是爱，有爱心必有勇气，孔子说：“仁者必有勇。”（《论语·宪问》）《礼记·祭义》也说：“战阵无勇，非孝也。”都和“慈故能勇”意思相当。“广”，广大丰盛的意思。俭用钱财则家富，俭用精神则精盛，人君俭用人民，则人民众多，国土广大。所以说：“俭故能广。”“器”，就是二十八章“朴散则为器”的“器”，指万物。“器长”就是万物的长官。第七章说：“后其身而身先。”六十六章说：“以其不争，故天下莫能与之争。”所以“不敢为天下先”，反而“能成器长”了。

“今舍慈且勇，舍俭且广，舍后且先，死矣。”“今”，假设词，如果的意思。“且”，取的意思。由慈而勇，由俭而广，由后而先，都是由本而末、顺其自然，毫不造作。反之，不慈而勇，这是血气之勇；不俭而广，这是不义之广；不后而先，这是失群之先，总而言之，这都是舍本逐末，最后必归于灭亡。

“夫慈，以战则胜，以守则固，天将救之，以慈卫之。”“救”，帮助的意思。“卫”，保护的意思。《孙子·地形篇》说：“视卒如婴儿，故可与之赴深溪；视卒如爱子，故可与之俱死。”以慈爱对待士卒，士卒都乐意为之牺牲。当然能够“以战则胜，以守则固”了。战国时吴起一生没有打过败仗，就是由于他爱护士卒的关系。

【说明】

本章旨在说明三宝——“慈”、“俭”、“不敢为天下先”的功用，而特别着重于“慈”。万物都是由道而生，道对万物，犹如母亲对待子女，无不慈爱。这种爱并不是出于自私，第五章说：“天地不仁，以万物为刍狗；圣人不仁，以百姓为刍狗。”这看起来好像是不爱，而实际上却是毫不自私、一律平等的大爱。世界上伟大的宗教、伟大的思想，没有不是主张“爱”的，基督教主张博爱，佛教主张慈悲，儒家主张仁爱，墨家主张兼爱，老子则主张慈。名称虽有不同，但主张爱则完全一样。所以老子在三宝之中，特别着重于“慈”这一宝，是有他的道理的。就拿和“慈”最相反的战争来说，“以战则胜，以守则固。天将救之，以慈卫之。”那么，“慈”德的广大，由此就可想而知了。

第六十八章

善为士者不武，善战者不怒，善胜敌者不与，善用人者为之下。是谓不争之德，是谓用人之力，是谓配天，古之极。

【译意】

善于做将帅的，不表现勇武；善于作战的，不轻易发怒；善于克敌制胜的，不用和敌人交锋。善于用人的，谦虚待人居人之下。这“不武”、“不怒”、“不与”，就是不和人争胜斗气的道德；这“为之下”，就是利用别人的能力。“不争之德”和“用人之力”都能发挥无遗，便是符合自然的道理。这是自古以来的极则。

【解析】

“善为士者不武，善战者不怒，善胜敌者不与，善用人者为之下。”“士”，指将帅。“不武”，不逞其勇武的意思。争胜趋利，这是为将的大忌，《孙子·军争篇》说："百里而争利，则擒三将军，五十里而争利，则蹶上将军。"将帅不仅不能表现勇武，有的时候，还要表现柔弱。《孙子·计篇》说："能而示之不能，用而示之不用。"就是证明。"不怒"，不发怒。一怒则失去智虑，所以孙子说："怒而挠之。"(《孙子·计篇》)"不与"，不和敌争的意思。因为"上兵伐谋，其次伐交，其次伐兵。"(《孙子·谋攻篇》)"伐兵"是在用计谋、用外交失败之后，不得已才用的。

"是谓不争之德，是谓用人之力，是谓配天，古之极。""不争之德"，是说不和人争胜的一种道德。这句是承上文"不武"、"不怒"、"不与"而言。"用人之力"，是说利用别人力量的一种能力。这句是承上文"为之下"而言。"是谓配天"，是说"不争之德"和"用人之力"都能符合天道。因为"天之道，不争而善胜，不言而善应，不召而自来"(七十三章)。"极"，极则的意思。"古之极"，是说古来就有的极则。

【说明】

本章是用战争的例子来说明"不争"和"居下"的道理。战争的目的本来是要争胜的，和"不争"、"居下"可说是冰炭不能兼容，但是善于作战的人，却能利用"不争"和"居下"的方法，达到争胜和处上的目的。《孙子·谋攻篇》说："上兵伐谋，其次伐交，其次伐兵，其次攻城。"又说："是故百战百胜，非善之善者也，不战而屈人之兵，善之善者也。”最上等的作战方法，是不战而屈人之兵，而要想达到这个目的，只有伐谋一途。由此看来，老子的“不争”、“居下”的方法，是最高的取胜之道，难怪有人说老子是兵家，《道德经》这本书是军事宝典了。

楚汉相争的时候，项羽叱咤风云，战无不胜，刘邦却深沟高垒，不出来和他交战。项羽向刘邦挑战，以一决雌雄，刘邦笑笑说:“我宁愿斗智，不能斗力。”甚至项羽把刘邦的父亲太公放在高腿的俎上，用杀他来威胁刘邦，刘邦还是很冷静地说:“你烹杀了以后，请你分给我一杯羹。”最后刘邦终于得胜。这是一个典型的用“不争”、“处下”的方式，达到胜利目的的例子。

第六十九章

用兵有言：吾不敢为主而为客，不敢进寸而退尺。是谓行（háng）无行（háng），攘无臂，执无兵，扔无敌。祸莫大于无敌，无敌几丧吾宝，故抗兵相加，哀者胜矣。

【译意】

古代用兵的人曾这样说过：“我不敢主动挑起战端以兵伐人，只有在不得已的情形下，被动地发兵应战。在作战的时候，我不敢逞强争胜，推进一寸，而宁愿不争谦让，退后一尺。”这就是说：虽有行阵，但作战的时候好像没有行阵可列；虽有膀臂，但举臂的时候好像没有膀臂可举；虽有兵器，但持用的时候好像没有兵器可持；虽有敌人，但擒拿的时候好像没有敌人可擒。时时怀着一颗哀慈不争的心。军队的祸患没有比逞强无敌更大的了，逞强无敌将会丧失我的三宝。所以举兵相交战的时候，有慈爱之心的一方会获得胜利。

【解析】

“用兵有言：吾不敢为主而为客，不敢进寸而退尺。”“用兵”，指用兵的人，也就是兵家。“为主”，是说主动地举兵伐人。“为客”，是说被动地起兵应战。这就是前章“不武”、“不怒”的意思。“不敢进寸而退尺”，是说不敢贪得冒进，而宁愿躲避退让。这就是前章“不与”的意思。这两句在表现柔弱不争的精神。

“行无行，攘无臂。”上“行”字是动词，是说排列行阵。下“行”字是名词，行阵的意思。“攘”，举的意思。“攘臂”就是举背。

“执无兵，扔无敌。”“执”，执持的意思。“兵”指兵器。“扔”，和三十八章“攘臂而扔之”的“扔”字相同，作“引”解，这里引申有擒拿的意思。这两句话王弼本原颠倒作“扔无敌，执无兵”。既不押韵，次序也嫌混乱。注文说：“犹行无行，攘无臂，执无兵，扔无敌。”由此看来王弼本原来并不错，是后人弄颠倒的。《帛书老子》篆本和隶本都作“执无兵，扔无敌”。文义既顺畅，也押韵。所以就依据《帛书老子》王弼注改正。

“祸莫大于无敌，无敌几丧吾宝。”上下两句的“无敌”，都是逞强无敌于天下的意思。两个“无敌”王弼本及其他各本都作“轻敌”，但本章所谈的并不是谨慎轻浮的事情，“轻敌”与本章的意思无关。《帛书老子》篆本及隶本都作“无敌”，王弼注也说：“言吾哀慈谦退，非欲以取强无敌于天下，不得已而卒至于无敌，斯乃吾之所以为大祸也。”由注文看来，王弼本原也作“无敌”，是后人改作“轻敌”的。现在依据王注及《帛书老子》改作“无敌”。“几”，解作“将”。“丧”，亡失的意思。“吾宝”，指六十七章的“三宝”。七十六章说：“兵强则不胜。”兵“无敌”则强，强则不合于道，不能慈、俭，而为天下先。所以说：“无敌几丧吾宝。”

“故抗兵相加，哀者胜矣。”“抗”，举的意思。《帛书老子》篆本作“称兵”，“称”也是举的意思。“相加”相当于“相交”、“相合”。“哀”，作“爱”讲，就是三宝之一的“慈”。六十七章说：“夫慈，以战则胜。”正和“哀者胜矣”的意思相同。

【说明】

本章是继续前二章，用战争来说明“不争”和“谦下”之德。“不争”和“谦下”只是表现，其根本则在于“慈”，所谓“不敢为主而为客，不敢进寸而退尺”。所谓“行无行，攘无臂，执无兵，扔无敌”，都是“慈”的表现。因为“慈”，所以能够“抗兵相加”而胜。这和孟子所说的“仁者无敌”（《孟子·梁惠王上》），是有其相同的意义了。

第七十章

吾言甚易知，甚易行。天下莫能知，莫能行。言有宗，事有君。夫唯无知，是以不我知。知我者希，则我贵矣。是以圣人被褐怀玉。

【译意】

我的言论很容易了解，也很容易实行。但是天下人都被私欲所蒙蔽，都被名利所迷惑，而没有人能够了解，没有人能够实行。我的言论都有本源，我的行事都有根据。正因为人们不懂得我的言论和行事，所以也就不了解我了。了解我的人越少，那我的地位反而越崇高。所以，圣人外面穿着低贱的褐衣，里面却藏着美玉。

【解析】

“吾言甚易知，甚易行。”四十七章说：“不出户，知天下；不窥牖，见天道。”所以说：“甚易知。”四十七章说：“不为而成。”所以说：“甚易行。”

“天下莫能知，莫能行。”人之所以不知不行，主观方面是由于老子的道和世俗的事物不肖、相反，客观方面是由于中士、下士过多，而上士过少。知是行之始，行是知之成。天下对老子的道连“知”的功夫还没有做到，更不必谈“行”了。

“言有宗，事有君。”“宗”和“君”都是根本的意思，也都是指道而言。道是“言”的宗，道也是“事”的君。道是什么？就是无为自然而已。

“夫唯无知，是以不我知。”“夫唯”是《老子》书中的常用语，凡用“夫唯”开头的句子，必定上有所承。“夫唯无知”一句，就是承上文“天下莫能知”而言。“无知”，就是“莫能知”。“不我知”，是“不知我”的倒装句。

“知我者希，则我贵矣。”“希”，少的意思。“贵”，尊贵、崇高的意思。“则我贵矣”这一句，王弼本原作“则我者贵”。但注说：“知我益希，我亦无匹。”既说“我亦无匹”，则原文当作“则我贵矣”，不当作“则我者贵”。《帛书老子》篆本和隶本都作“则我贵矣”，和王弼注文的意思相同。所以就依据《帛书老子》改作“则我贵矣”。

“是以圣人被褐怀玉。”“被”，和“披”同，穿的意思。“褐”，是粗毛布的衣服，低贱者所穿。“被褐怀玉”，比喻大道不行，圣人外同其尘，内守其真。

【说明】

本章老子自己说“言有宗，事有君”。但他人既不能了解他的言，更不能实行他的道，因而老子深有感叹。大道不行，圣人只有“被褐怀玉”，外同其尘，内守其真。但也正因圣人同尘而不显，怀玉而不现，因而越发难知，也越显其尊贵。

第七十一章

知不知，上；不知不知，病。是以圣人不病。以其病病，是以不病。

【译意】

能知道自己无所知，这是最高明的了；不知道自己无所知，这就是缺点。所以圣人没有这个缺点。因为圣人厌恶这个缺点，所以才没有这个缺点。

【解析】

“知不知，上；不知不知，病。”“知”是动词。“不知”是“知”的宾语。“不知不知”，上一个“不知”的“知”是动词，下一个“不知”是“知”的宾语。这句王弼本原作“不知知，病”。历来各家的解释极为纷歧，《帛书老子》篆本作“不知不知”，意思豁然显露，所以就依据《帛书老子》改作“不知不知”。一般人总认为自己无所不知，纵使不知，也要强以为知，而决不肯承认自己无所知。但是，一个人不可能事事皆知，一定有他所不知道的事物，只是愚蠢的自尊蒙蔽了自己而已。所以当一个人能知道自己无所知，当然是很高明，是很了不起的；如果不知道自己无所知，这就是一个大毛病了。

“是以圣人不病。以其病病，是以不病。”“不病”，是说没有“不知不知”的缺点。“病病”，上一个“病”字是动词，作“讨厌”、“厌恶”讲。下一个“病”是名词。意思是说：圣人没有“不知不知”的缺点，因为他厌恶这个缺点，所以才没有这个缺点。这几句王弼本原作“夫唯病病，是以不病。圣人不病，以其病病，是以不病”。文字繁复，意思也不清楚。《帛书老子》篆本及隶本都作“是以圣人不病。以其病病，是以不病”。比王弼本简洁而又明畅，所以就依据《帛书老子》加以删改。

【说明】

本章的主旨全在开头“知不知，上；不知不知，病”两句。苏格拉底曾说过：“我比别人聪明一点，因为我知道自己愚蠢，而别人不知道自己愚蠢。”知道自己愚蠢是智者，不知道自己愚蠢，才是真正的愚蠢。老子这两句话和苏格拉底所说的，文字虽稍有不同，意思却是相通的，读者只要稍加比较就可以知道了。孔子曾经说:“吾有知乎哉?无知也。”(《论语·子罕》)孔子是至圣,也说自己无所知。由此看来,只有真正的智者,才晓得自己无所知,一般愚人一辈子也不会晓得的。

第七十二章

民不畏威，则大威至。无狎其所居，无厌（yā）其所生。夫唯不厌（yā），是以不厌（yàn）。是以圣人自知不自见（xiàn），自爱不自贵。故去彼取此。

【译意】

治国者用苛政暴刑威迫人民，人民如果不怕这种威迫，必定反抗作乱，那么更大的威迫就要降临到治国者的身上了。所以治国者不要胁迫人民的生存，不要压榨人民的生活。正因为执政者不压榨人民，不胁迫人民，人民才不厌弃他而推戴他。所以圣人了解自己位居万民之上，因此退让谦下，不求自我表现。自己珍惜自己，而不自认为了不起。所以舍弃“自见”、“自贵”，保持“自知”、“自爱”。

【解析】

“民不畏威，则大威至。”“威”，威迫的意思。指国君的苛政严刑。“大威”，指人民的造反、革命。是说国君用苛政严刑对待人民，人民如果忍无可忍，必定起来造反革命，直至推翻暴政而后止。这对国君而言，就成为“大威”了。

“无狎其所居，无厌其所生。”“狎”，和“狭”同，作“狭隘”讲，引申有束缚胁迫的意思。“居”，本作“居处”讲，这里和下文“生”字相同，都是生存、生活的意思。“厌”，就是“压”字，压迫的意思。是说当政的人应该除掉苛政，去掉严刑，不要胁迫人民的生存，不要压榨人民的生活，人民自然乐于推戴而不厌。

“夫唯不厌，是以不厌。”上一个“厌”字和“压”同，下一个“厌”字就是讨厌的“厌”。是说在上位的不压迫人民，人民自然爱戴而不厌弃他。

“是以圣人自知不自见，自爱不自贵，故去彼取此。”“自知”，了解自己的一切。“见”和“现”同，“自见”，自我表现的意思。“自爱”，爱惜自己。“自贵”，自认为了不起。“彼”指“自见”、“自贵”，“此”指“自知”、“自爱”。

【说明】

本章是警戒为政的人，不可以用苛刑暴政压迫人民，逼得人民不能安居，压得人民无法生存。人民到了走投无路的时候，那就只有铤而走险，造反革命了。为政者如果能够效法圣人清静无为，使得人民各安其居，各遂其生，人民自然乐于拥戴而不会厌弃的。

孔子曾经说过："苛政猛于虎。"（《礼记·檀弓下》）暴君夏桀和商纣被杀，孟子认为只是杀掉一个"匹夫"，不算是"弑君"（《孟子·梁惠王下》）。儒家和道家治理政治的原理和方法或有不同，但对暴政的深恶痛绝，却完全是一样的。

第七十三章

勇于敢则杀，勇于不敢则活。此两者，或利或害。天之所恶，孰知其故？是以圣人犹难之。天之道，不争而善胜，不言而善应，不召而自来，繟（shàn）然而善谋。天网恢恢，疏而不失。

【译意】

勇于表现刚强，就会送命；勇于表现柔弱，反能生存。两者同样是勇敢，但勇于柔弱就有利，勇于刚强就有害。天所以厌恶“勇于敢”的人，谁能晓得它的原因呢？所以圣人还难以说清楚哩。上天的道，不争强而善于获胜，不说话而善于回应，不召唤而万物自动归附，宽广坦荡而善于谋划。天道的作用好像一个大网似的，笼罩的范围无所不包，真是广大极了。它虽然是稀疏的，却从来没有一点漏失。

【解析】

“勇于敢则杀，勇于不敢则活。”“敢”，意指坚强。“杀”，死的意思。“不敢”，意指柔弱。“活”，生的意思。七十六章说：“坚强者死之徒，柔弱者生之徒。”正可以作为这两句的解释。

“此两者，或利或害。天之所恶，孰知其故？是以圣人犹难之。”“两者”，指“勇于敢”和“勇于不敢”。“恶”，动词，厌恶的意思，指“勇于敢”而言。“难之”，难以知道“天之所恶”的原因。“是以圣人犹难之”，这句话和上下文的意思都不相连，可能是注文羼入正文，或者是六十三章的文字的重复出现，《帛书老子》就没有这一句。

“天之道，不争而善胜，不言而善应，不召而自来，繟然而善谋。”“胜”，胜利。二十二章说：“夫唯不争，故天下莫能与之争。”所以说“不争而善胜”。“应”，回应的意思。《论语·阳货》篇说：“天何言哉？四时行焉，百物生焉，”“四时行，百物生”，就是“善应”的事实。“自来”，自动归往。三十五章说：“执大象，天下往。”所以说“自来”。“繟然”，宽广的样子。下文说：“天网恢恢，疏而不失。”就是“繟然而善谋”的意思。

“天网恢恢，疏而不失。”“天网”，比喻天道作用的范围。“恢恢”，广大的样子。“疏”，不严密，比喻天道无形。“不失”，无所遗漏。是说天的作用无所不包，虽然隐约无形，但万物无不受到它的生养抚育，毫无遗漏。

【说明】

本章的主旨在说明天道“不争而善胜，不言而善应，不召而自来，繟然而善谋”。“不争”、“不言”、“不召”、“繟然”是天道的特性，“善胜”、“善应”、“自来”、“善谋”是天道的效用。特性虽有四个，但可以归结一个“无为”；效用虽也有四个，但也可以归结为一个“无不为”。因此本章的主旨就在说明大道无为而无不为。开头两句“勇于敢则杀，勇于不敢则活”是“不争而善胜”的说明，末尾两句“天网恢恢，疏而不失”是“绰然而善谋”的注解。

第七十四章

民不畏死，奈何以死惧之？若使民常畏死，而为奇者，吾得执而杀之，孰敢？常有司杀者杀，夫代司杀者杀，是谓代大匠斫（zhuó），夫代大匠斫者，希有不伤其手矣。

【译意】

人民饱受苛刑暴政的逼迫，到了不怕以死反抗的时候，执政者怎么能用死来威胁他们呢？如果人民真怕死的话，一有做坏事的人，我就抓来杀掉，谁还敢再做坏事？天地间冥冥之中一直有专司杀生者来杀戮万物，不需要人来代劳。如果要代替天地之间的杀生者来主持杀戮，这就好像是不会工艺的人代替木匠砍斫木头，代替木匠砍斫木头，很少有人不砍伤自己的手。

【解析】

“民不畏死，奈何以死惧之？”“奈何”，就是“如何”。“惧”，动词，恐吓的意思。人没有不怕死的，但在苛刑暴政之下，既不能安其居，遂其生，走投无路，也就只有不惜牺牲生命以死相拼了。在这种情形下，执政者再用死来威吓他们，也毫无用处。所以说：“奈何以死惧之。”

“若使民常畏死，而为奇者，吾得执而杀之，孰敢？”“使”，和“若”字意思相同，“若使”，如果的意思。“奇”，解作“邪”。“为奇者”，就是做坏事的人。“敢”，指敢于“为奇”。

“常有司杀者杀，夫代司杀者杀，是谓代大匠斫。”“司杀者”，掌管杀生者，指天道。“代司杀者”，指用苛刑暴政残杀人民的暴君。“匠”，指木匠。“大匠”，大匠之长。“斫”，砍伐的意思。天道对于万物，自有其法则，如春生、夏长、秋收、冬藏。秋冬肃杀，万物凋零，就如同自然界的“司杀者”，人君要代它来杀生，就如同笨人代木匠砍伐木头一样，木头砍不好，还要砍伤自己的手，真是无益于人，有损于己，何苦来呢！

【说明】

本章在警戒治政者不可用苛刑暴政残杀人民。“天网恢恢，疏而不失。”自然界的生和杀自有其规律，万物顺从这个规律，就能生存；反之，就会灭亡。人事也是如此。不需要治政者用严刑暴政去代天杀人。因为严刑暴政，都出于治政者一己的好恶，不合于自然规律。正由于不合自然规律，所以治政者自已也往往受到伤害，这就是所谓自食其果了。

第七十五章

民之饥，以其上食税之多，是以饥。民之难治，以其上之有为，是以难治。民之轻死，以其上求生之厚，是以轻死。夫唯无以生为者，是贤于贵生。

【译意】

人民所以遭到饥荒，是因为在上位的收税太多，弄得人民无法自给，所以才遭到饥荒。人民所以难以治理，是因为在上位的有为妄作，弄得人民无所适从，所以才难以治理。人民所以轻视生命，是因为在上位的奉养太过，弄得人民无以维生，所以才轻视生命。因此在上位的恬淡无欲，清静无为，比起贵生厚养来要高明得多了。

【解析】

“民之饥，以其上食税之多，是以饥。”“食税”，取租税而生活的意思。租税太重，往往使得人民无法维生，遂造成饥荒。孔子的学生冉求为季氏重收赋税，孔子要学生“鸣鼓而攻”(《论语·先进》)。孟子对收重税的国君，骂他们为桀纣(《孟子·告子下》)。可见儒道二家对于苛征暴敛，都是深恶痛绝的。

“民之难治，以其上之有为，是以难治。”“有为”，强作妄为。设刑法，置禁令等都是。“无为而民自化。”(五十七章)“有为”，人民当然难治了。

“民之轻死，以其上求生之厚，是以轻死。”“轻死”，不重视生命。“求生之厚”，就是五十章的“生生之厚”。在上位的“厚生”，人民就“轻死”；反之，在上位的如果恬淡寡欲，人民就能“甘其食，美其服，安其居，乐其俗”(八十章)了。

“夫唯无以生为者，是贤于贵生。”“无以生为”，不以生为事，就是不贵生的意思。“贤”，优的意思。“贵生”，重视生命而厚养之。五十五章说：“益生曰祥。”“贵生”就是“益生”，是不合自然的事情，不如“无以生为”，顺其自然。

【说明】

本章在说明人民之所以饥饿，“难治”和“轻死”，是由于在上位的“食税之多”、“有为”和“求生之厚”。“食税”是手腕，“有为”是表现，而其目的则在于“生生之厚”，也就是“贵生”。但“贵生”的结果，自己既得不到益处，人民还要受到害处。所以不如“无以生为”，无私无欲，人我同归于朴，同化于道。

第七十六章

人之生也柔弱，其死也坚强；万物草木之生也柔脆，其死也枯槁。故坚强者死之徒，柔弱者生之徒。是以兵强则不胜，木强则兵。强大处下，柔弱处上。

【译意】

人在活着的时候，身体是柔软的，死掉以后就变为坚硬了。万物草木活着的时候是柔软的，死掉以后就变得枯萎了。所以凡是坚强的东西，都是属于死亡的一类；凡是柔弱的东西，都是属于生存的一类。因此军队强大，反而不能取胜；树木强大，反而遭到砍伐。凡是强大的，反而居于下位；凡是柔弱的，反而处在上面。

【解析】

“人之生也柔弱，其死也坚强；万物草木之生也柔脆，其死也枯槁。”“柔弱”、“坚强”，指人的身体而言。“柔脆”、“枯槁”，指万物草木的形体而言。是说人和万物活着的时候形体柔软，死了以后则僵硬枯槁。用人和草木为例，以说明柔弱而生，坚强则死，是自然界的一个通则。

“故坚强者死之徒，柔弱者生之徒。”“徒”，类的意思。这是根据人和草木生则柔弱，死则坚强，所得出的一个原则。以指示人为人做事切忌逞强，而应处于柔弱。所谓“勇于敢则杀，勇于不敢则活”（七十三章），就是这个意思。

“是以兵强则不胜，木强则兵。”“木强则兵”的“兵”，动词，砍伐的意思。兵势强大，就会恃强而骄，反而不能胜敌。淝水之战，苻坚的军队百万“投鞭可以断流”，结果却被五万晋军击败，就是证明。树木强大，则为工匠所需，反而遭到砍伐。《荀子·劝学》中说：“林木茂而斧斤至焉。”《庄子·山木》篇中记载一棵大树因为不成材，没有用处，因而没有遭到砍伐，都是同一个道理。

“强大处下，柔弱处上。”“处”，动词，居的意思。以树木为例，根干坚强，却在下端，枝叶柔弱，反而在上面。六十六章说：“以其不争，故天下莫能与之争。”就是这个意思。

【说明】

本章借自然现象——“人之生也柔弱，其死坚强，万物草木之生也柔脆，其死也枯槁”来说明柔弱和刚强的得失好坏，而教人弃强取弱，舍刚守柔。牙齿坚固，反而脱落，舌头柔弱，反而保存，这是多么好的一个启示啊！

第七十七章

天之道，其犹张弓与，高者抑之，下者举之；有余者损之，不足者补之。天之道，损有余而补不足？人之道，则不然，损不足以奉有余。孰能有余以奉天下？唯有道者。是以圣人为而不恃，功成而不处，其不欲见（xiàn）贤。

【译意】

天道的作用，就像张开弓一样吧！弦高了就把它压低，弦低了就把它升高，弦长了就把它减少，弦短了就把它加长。天之道，是减少有余的，用来弥补不足的，但人的道却不是这样的，偏要剥夺不足的，用来供给有余的。谁能体行天道，把有余的供给天下不足的？只有有道的人才能如此。所以圣人抚育了万物，而不认为有能力；成就了万物，而不占居其功劳。他无私无欲，一切顺应自然，不愿表现自己的才德。

【解析】

“天之道，其犹张弓与。”“犹”，如同的意思。“张弓”，把弦扣在弓上叫“张弓”，把弦卸下来叫“弛弓”。“与”与“欤”同，感叹词。

“高者抑之，下者举之；有余者损之，不足者补之。”四句话是形容调整弓和弦的情形。弦位高了就放低，所以说“高者抑之”。弦位低了就抬高，所以说“下者举之”。弦长而有余就去掉，所以说“有余者损之”。弦短不够就添补，所以说:“不足者补之。”

“是以圣人为而不恃，功成而不处，其不欲见贤。”“其”，指“圣人”。“见”，和“现”同，表现的意思。“见贤”，表现才能功德。圣人无私无欲，所以“为而不恃，功成而不处”。“不欲见贤”，则综合以上二者而言。

【说明】

本章用“张弓”来比喻天道的完满与和谐。其和谐之道就是“损有余而补不足”。唯有圣人，无私无欲，能够表现天道，而一般人由于有私有欲，则“损不足以奉有余”，表现完全和天道相反，这就是为什么老子要人“法天”、“法道”的原因。

第七十八章

天下莫柔弱于水，而攻坚强者莫之能胜。以其无以易之。弱之胜强，柔之胜刚，天下莫不知，莫能行。是以圣人云："受国之垢，是谓社稷主；受国不祥，是谓天下王。"正言若反。

【译意】

天下的东西，没有比水更柔弱的了。可是攻坚克强的能力没有能胜过它的，因为没有东西可以代替它。弱能够胜强，柔能够克刚，这个道理没有人不知道，但却没有能够实行。所以圣人说："能够承受全国的屈辱，才算得国家的君王；能够承受全国的灾殃，才算得天下的君王。"正面的话，恰似反面的意思。

【解析】

“天下莫柔弱于水，而攻坚强者莫之能胜。”“莫之能胜”，就是“莫能胜之”。“之”指水。水在圆则圆，在方则方，阻止它就停止，排决它就流行。但水能怀山襄陵，磨铁销金。它是世界上最柔弱的东西，但它这种摧坚克强的能力，却没有任何一样东西能够胜过它。

“以其无以易之。”“以”，因为的意思。“无以”，不能的意思。“易”，代替的意思。是说因为没有任何东西可以代替水。

“受国之垢，是谓社稷主；受国不祥，是谓天下王。”“垢”，本指污垢，引申指所有雌、辱、后、下等。“社稷主”，就是国君。“不祥”，不吉祥，指灾祸。“天下王”，和上文“社稷主”意思相同，只是换一个词罢了。这是说处身愈卑下，受屈辱愈多，所成就的也就愈大。能够承受全国的屈辱，当然能成为全国的君主。六十六章说：“江海所以能为百谷王者，以其善下之，故能为百谷王。”和这个是同一个道理。

“正言若反。”“正言”，合于真理的话，相当于“常道”。这是说“受国之垢，是谓社稷主；受国不祥，是谓天下王”这两句话，是自然的常道，是至理名言，但世俗人却以为是反言，所以说“正言若反”。

【说明】

本章是用水性柔弱，而无坚不摧，无强不克，来说明柔弱胜刚强的道理。这个道理一般人虽知道，但不能实行，原因就在这种常道，表面看来，完全和世俗的情形相反。只有圣人能够效法天道，谦冲自牧，“受国之垢”，“受国不祥”，因而能得到众人的推戴，而作为社稷之主、天下之王。

第七十九章

和大怨，必有余怨，安可以为善？是以圣人执左契，而不责于人。有德司契，无德司彻。天道无亲，常与善人。

【译意】

如果有重大的仇怨，纵使把它调解，也会有余怨藏在心底，这怎能算是好的办法？所以圣人待人，谦下柔弱，就好像拿着左契，只给与人而不向人索取，这样仇怨根本无从产生，哪里还需要调解呢？有德的人对待人，就如同握有左契一样，只给与人，而不向人家索取；没有德的人对待人，就如同掌管税收一样，只向人索取，而不给与人家。天道是无所偏私的，经常帮助好人。

【解析】

“和大怨，必有余怨，安可以为善？”“和”，调和、调解的意思。“怨”，仇恨。“安”，解作“何”或“如何”，相当于口语的“怎么”。这是说有了大仇根，虽经调解，还是会有余怨存在，不能完全消除，最好的方法是不让仇怨产生。

“是以圣人执左契，而不责于人。”“契”，券契，相当于现在的合同，剖分左右，双方各拿一半，作为信物，以便将来合对。“左契”是券契的左面的一半，“右契”尊上，相当于现在的存根，是准备向人家索取的，“左契”卑下，只能等人家索取。所以说：“执左契，而不责于人。”“责”，责求、索取的意思。

“有德司契，无德司彻。”“司”，掌握、掌管的意思。“契”，就是“左契”简省的说法。“彻”，周代赋税的名称，一百亩抽取其十亩。这是说有德的人好像掌握左契，只给与人而不向人索取；没有德的人，好像掌握赋税，只向人索取而不给与人。

“天道无亲，常与善人。”“亲”，偏私的意思。“与”，帮助的意思。“善人”，指上文“执左契而不责于人”的人，因为只给与而不索取，完全合于“生而不有，为而不恃，长而不宰”（五十一章）的天道，所以天道就帮助他。

【说明】

本章旨在说明为人不可以结怨，结了怨，纵使排解了，怨恨还是不能完全消除。而不结怨的方法，就在给予人而不向人索取，好像掌握“左契”一样。这种只予而不取，看起来好像很吃亏，其实不仅吃不了亏，还受益无穷，所谓“既以为人己愈有，既以与人己愈多”。因为天道是没有偏私的，常常帮助好人。套句俗话说：好人总是有好报的。

第八十章

小国寡民，使有什伯之器而不用，使民重死而不远徙。虽有舟舆，无所乘之；虽有甲兵，无所陈之。使民复结绳而用之。甘其食，美其服，安其居，乐其俗。邻国相望，鸡犬之声相闻，民至老死不相往来。

【译意】

理想的国家是：国土很小，人民很少。没有冲突纷争，纵使有各种武器也不运用；没有苛刑暴政，人民不需冒着生命的危险迁移到远方，虽有船只车辆，也没有机会去乘坐；虽有铠甲兵器，也没有机会去陈列。使人民回到古代用结绳来记事。人人恬淡寡欲，吃的虽是粗食，但觉得很甘美；穿的虽是破衣，但觉得很漂亮；住的虽是陋室，但觉得很安适；风俗虽很简朴，但觉得很快乐。和邻国之间彼此都可以看得到，鸡鸣狗叫的声音彼此也可以听得着，但人民从生到死，也不相往来。

【解析】

“小国寡民，使有什伯之器而不用，使民重死而不远徙。”“寡”，少的意思。“什伯”，古代军队的编制，五个人称为伍，十个人称为什，百个人称为伯。“什伯之器”，是十人、百人共享的器具，指武器，如兵革等。“有什伯之器而不用”，表示没有战争。“重死”，爱惜生命。“徙”，迁移的意思。“重死而不远徙”，表示没有暴政。

“虽有舟舆，无所乘之；虽有甲兵，无所陈之。”“舟舆”，船和车。“甲兵”，铠甲和兵器。“陈”，陈列的意思。“虽有舟舆，无所乘之”，承上文“重死而不远徙”而言。“虽有甲兵，无所陈之”。承上文“有什伯之器而不用”而言。

“使民复结绳而用之。”“民”，王弼本原作“人”，《帛书老子》隶本作“民”，本章前后都用“民”，这里用“人”字，和前后文不一致，所以依据《帛书老子》隶本改作“民”。“结绳”，上古时代没有文字，人民用绳子打结来记事情，事大就打个大结，事小就打个小结，事有很多种，结也各种形状，叫做结绳。后来文字产生了，结绳记事的方式就渐渐地消失了。“结绳而用之”，是说不用文字，回复到古代那种简单纯朴的生活。这是老子的复古思想。

“甘其食，美其服，安其居，乐其俗。”“甘”、“美”、“安”、“乐”，都是动词。并不是说食物真的“甘”，衣服真的“美”，只是因为人民恬淡知足，没有欲望，所以吃的虽粗疏，却觉得很甘；穿的虽破旧，却觉得很美；住的虽简陋，却觉得很安；风俗虽单纯，却觉得快乐。这是一种心境的满足。

“邻国相望，鸡犬之声相闻，民至老死不相往来。”因为民心恬淡无欲，民风淳厚质朴，大家都没有什么需求，而邻国的情形也是如此，所以纵使“鸡犬之声相闻”，人民也“老死不相往来”了。

【说明】

本章是老子对他的理想国所作的具体的说明。在这个国度中，政治是“无为而治”，所以人民“重死而不远徙”，“虽有车舆，无所乘之。”军事是因为没有战争，“有什伯之器而不用。”“虽有甲兵，无所陈之。”文化是“复结绳而用之”。人民的物质生活能够免于匮乏，而精神却非常充实，所以生活朴素而愉悦。所谓“甘其食，美其服，安其居，乐其俗”，国际之间相安无事，“邻国相望，鸡犬之声相闻，民至老死不相往来。”整个天下一片清静，一片纯朴。这真是一个充满了真、善、美的世界。

第八十一章

信言不美，美言不信。善者不辩，辩者不善。知者不博，博者不知。圣人不积，既以为人己愈有，既以与人己愈多。天之道，利而不害；圣人之道，为而不争。

【译意】

真实的话不好听，好听的话不真实。有德的人透过行为来表现他的德，不需要用言语来辩解；用言语来辩解的人，不是有德的人。知道的人晓得宇宙间的大道就在自己心中，不必广心博骛，知识广博的人，未必对大道有真知。圣人没有私心，什么都无所保留，尽其全力帮助别人，自己反而更充足；倾其所有给与别人，自己反而更富有。天道无私，只有利于万物，而不会对万物造成伤害。圣人顺天道而行，只是贡献施与，而不和人家争夺。

【解析】

“信言不美，美言不信。”“信”，真实的意思。“信言”就是真话。“美言”，悦耳动听的话。孔子曾说：“巧言令色，鲜矣仁。”（《论语·学而》）说话重要在于内容是不是真实，而不在于是否漂亮动听。但一般人往往喜欢听“美言”，而不喜欢听“信言”，这就是为什么“忠言逆耳”了。

“善者不辩，辩者不善。”“善者”，指有德的人。“辩”，争论是非叫“辩”。有德的人木讷寡言，而用行为表现他的德。孔子弟子，颜回、曾参最贤，而颜回如愚、曾参鲁钝，就是一个很好的例证。纵使有什么冤屈，也不必用言语来争论是非，还是要透过行为来辩解，因为事实总是胜于雄辩的。

“知者不博，博者不知。”事的后面必定有理。一个理可以散为万事，万事也可以合为一理。所以能够知道理就可以掌握万事，四十七章说：“不出户，知天下。”《庄子·天地》篇说：“通于一而万事毕。”都是这个意思。因此知道理就不必博知万事，反之，虽博知万事也不是真知。

“圣人不积，既以为人己愈有，既以与人己愈多。”“积”，积蓄、保留的意思。“既”，尽的意思。“为人”，帮助人。老子主张“俭啬”，五十九章又说：“重积德。”既主张“重积”，又主张“不积”，二者粗看起来似乎互相矛盾，其实不然。“重积”的是道和德，“不积”的是财和货。正因为不积财货，才能重积道德。所以“不积”是“重积”的手段，“重种”是“不积”的目的。所以，“既以为人己愈有，既以与人己愈多。”“愈有”、“愈多”，就是指的道德愈丰愈满。

“天之道，利而不害；圣人之道，为而不争。”五十一章说：“生而不有，为而不恃，长而不宰。”这是天道的“利而不害”。九章说：“功遂，身退。”七十七章说：“是以圣人为而不恃，功成而不处，其不欲见贤。”这是圣人的“为而不争”，正是效法天道的“利而不害”。

【说明】

本章主旨在说明圣人能效法“利而不害”的天道，而表现“为而不争”。但正因为不争，结果，“天下莫能与之争。”（六十六章）所以，“既以为人己愈有，既以与人己愈多。”俗话说：“施者比受者有福。”就是这个意思了。

结　语

读完了《老子》全书后，大家对老子的思想可能已经有了一个概略的认识，但大家也许要问，老子的思想有没有一个系统？还有，他的思想的精神在哪里？价值又在何处？对后世的影响又如何？以上这些问题，是任何一个阅读有关思想典籍的人都会提出的，读《老子》当然也不会例外。所以，我们谨将老子的思想系统、精神、价值、影响，依次说明于下：

一、老子思想的系统

在我国先秦诸子中，老子的思想最有系统，有层次，现在分宇宙、人生、政治三方面来说明。

1. 宇宙论

先秦时代，百家争鸣，是我国学术思想的黄金时代。但各家所讨论的问题，都集中于人生修养和治政方术，很少涉及宇宙的问题。只有道家，除研究人生、政治的问题外，更进而探讨宇宙各种问题，而老子在这方面谈得更多，因为宇宙论是老子思想的基础。也因此，老子的思想比儒、墨、名、法各家，就显得更为深刻。老子宇宙论大致可分为宇宙的本源、宇宙的生成、宇宙的变化三方面，兹分别说明如下：

（1）宇宙的本源。宇宙论是老子哲学的基础，而宇宙的本源论，则是宇宙论的中心。因此，整个老子的哲学，可以说完全在这个本源论里面。把这点掌握住以后，老子的哲学就很容易了解了。

关于宇宙的本源，西方的哲人往往用水、火、风、数、原子等物质来说明，但这太具体、太落实了，往往不能涵盖万物，贯穿所有的问题。老子以无上的智慧，当然不会用这些浅显的东西来作为宇宙的本源。他认为宇宙的本源是什么呢？

二十五章说："有物混成，先天地生。寂兮寥兮，独立而不改，周行而不殆，可以为天下母。吾不知其名，字之曰道。"

四章说："道冲，而用之或不盈。渊兮似万物之宗。……吾不知谁之子，象帝之先。"

这个"道"，就是宇宙的本源，是天地万物所以生的总原理。这是老子伟大的发现。

道既是宇宙的本源，是天地万物所以生的总原理，当然和天地万物不同。天地万物是事物，可称之为"有"；道不是事物，是形而上的存在，只可称之为"无"。但道能创生天地万物，又可称之为"有"。道兼有"有"和"无"，说得清楚一点，"无"

是道体，“有”是道用。但体必先于用，所以“无”的层次，要较“有”为高。四十章也说：“天下万物生于有，有生于无。”

“无”就是道。不过这个“无”，是对具体事物的“有”而言，并不是等于零。道是天地万物所以生的总原理，怎么能等于零呢？如果等于零，怎么能创生万物？道既不是实体，又不是空无所有，那么它是一个怎样的状态呢？老子说它是“无状之状，无物之象”（十四章）。其实，道只不过超乎现象界而已，它不是我们的感官所能捉摸认识的，所以“视之不见”，“听之不闻”，“抟之不得”（十四章）。它是一种“惟恍惟惚”的存在状态，二十五章所谓的“有物混成”，也就是指道体的浑融状态。正因为它空虚浑融，才能尽稽万物之理，才能化生宇宙万物，如果有常操，怎么能成为宇宙万物的本源呢？所以《韩非子·解老》篇说：“道者，万物之所以然也，万物之所稽也。……万物各异理，而道尽稽万物之理，故不得不化。不得不化，故无常操。”

道既超越时间，也超越空间而存在。既无所谓寿夭生死，也无所谓大小广狭。《庄子·大宗师》说它是“在太极之先而不为高，在六极之下而不为深，先天地生而不为久，长于上古而不为老”。它虽创生万物，自己本身却丝毫无损，并且这种创生能力永不止息，无所不至。所谓“独立而不改，周行而不殆”就是了。

道既是一种超乎时空的形上存在，当然不能依知觉去证验，也无法用言语去称说，所以《老子》书开宗明义就说：“道可道，非常道。”这正与佛家所说的“说是一物即不中”的道理相同。

我们虽很不得已地把它解析一番，也难以清清楚楚地说出它究竟是什么，并且还恐怕愈解析，离题愈远呢！因此，对道真正的体认，还在于个人的心领神悟。只要能体会“混成”、“恍惚”两个词的意趣，明了它超时空的特色，那么想了解道体，就不是一件很困难的事了。

(2) 宇宙的生成。道是宇宙的本源，这本源指的是道的“体”，至于道如何创生万物，以及万物创生后的变化，则是指道的“用”。就是因为道体有它的用，才能使宇宙形成，而道体的存在，也才有意义；否则，道体的存在还有什么意义呢？因此，体认了道体之后，对于道用的创生万物，还需要作个了解，才能深明老子哲学的基础。兹分生成过程与生成原则两点来说明。

(a) 生成过程

老子说：“道生一，一生二，二生三，三生万物。”（四十二章）

道的本体是“无”，那么“道生一”，就是“无”生“有”，“一”应该是“有”。“有”并非具体的事物，四十章说：“天下万物生于有，有生于无。”第一章说：“无，名天地之始；有，名万物之母。”它是道在恍惚混沌状态，已变而尚未成具体事物之际的名称。道从“无状之状，无物之象”经过“有”这个阶段，然后才能生出宇宙万物。“一”既是“有”，那么“一”当然也非具体的事物。所以王弼称之为“数之始而物之极”（三十九章注）。《庄子·天地》也说：“泰初有无，无有无名，一之所起，有一而未形。”以理气二者来说，“道”是理，“一”就是气。“道生一”

就是理生气。这气是阴阳未分之前的“一气”。“二”就是阴阳二气。“三”除阴阳二气外，再加上阴阳二气交合而生的和气。“道生一，一生二，二生三”就是说道由混沌状态演化而成一气，由一气演化而成阴阳二气，再由阴阳二气交合而生和气，然后万物于是逐渐形成。这就是宇宙生成的过程。

道在创生万物之后，即与万物同体，内存于万物之中，衣养覆育着万物。不过，内在于万物之中的道，不叫做道，而叫做德。道是德的本体，德是道的作用。道和德只有体与用的分别，没有本质上的差异。德是道显现于万物者，也就是说，万物得之于道的就是德。所以万物在创生以后，还是秉有道的全性。

（b）生成原则

道虽生化万物，抚育万物，却无丝毫私心要主宰他们，占有他们，而完全是自然而然，无心而成化。

老子尝说：“大道泛兮，其可左右。万物恃之而生而不辞，功成不名有，衣养万物而不为主。”（三十四章）

又说：“道生之，德畜之，物形之，势成之。是以万物莫不遵道而贵德。道之尊，德之贵，夫莫之命而常自然。故道生之，德畜之、长之、育之、亭之、毒之、养之、覆之。生而不有，为而不恃，长而不宰。”（五十一章）

道创生覆育万物，完全是“莫之命而常自然”。正因为道因任自然，它才能得到万物的推崇、尊敬。所以“自然”二字，便是道创生万物的原则。老子又说：“道法自然。”（二十五章）

所谓“自然”，就是自然而然，无心自化，并不是在道的上面还有一个叫作“自然”的东西，而为道所遵从效法。正因为它一切都顺乎自然，毫无企图，所以万物才能遂其所生，而道才能尽其生化万物之功。这就是所谓：“道常无为，而无不为。”（三十七章）

反之，道若有所企图，有所作为，反而破坏了万物的平衡和谐，那是戕害万物，哪里谈得到生化呢？

（3）宇宙的变化。上文说过道不但创生万物，也衣养万物；而且这种创生衣养，完全顺乎自然，丝毫没有自私或勉强的意味。至于万物生立与否，全在乎能否自展道性。因此，就物来说，便必须法道、从道。所以老子说：

“人法地，地法天，天法道。”（二十五章）

“孔德之容，惟道是从。”（二十一章）

所谓“法道”、“从道”，并非万物的意愿，而是不得不然。因为宇宙万物根本就是为道所生养覆育，所以不能离开道而自由演变。其实，道生养抚育万物，万物法道、从道，根本就是一件事的两面，只是立场不同，说辞各异而已。

道既是宇宙万物生成的本源，同时又是宇宙万物变化的法则，这个变化的法则，就是老子所说的：“反者道之动。”（四十章）

“反”是大道运行的规律，当然也是宇宙万物变化的法则。

“反”字的意义有三：(a) 相反相成；(b) 反向运动；(c) 循环反复。

(a) 相反相成

老子以为道体自身独立超然，宇宙一切现象，都是由相反对立的形态所构成。有美就不能无丑，有善就不能无恶，所以老子说：“天下皆知美之为美，斯恶矣；皆知善之为善，斯不善矣。”（二章）

《道德经》的相对词特别多，在第二章的“解析”中已全部列举，这里不再重复。宇宙万物固然相反对立，但也相辅相成，所以老子曾说：

“有无相生，难易相成，长短相形，高下相倾，音声相和，前后相随。”（二章）

“善人者，不善人之师；不善人者，善人之资。”（二十七章）

善人是不善人的老师，不善人是善人的借镜，这不正是相反相成吗？以猫和鼠为例，猫的价值在捕鼠，假定世界上的鼠都死光了，猫也就失去它的价值了。所谓“狡兔死，走狗烹；飞鸟尽，良弓藏”正是相反相成的另一说法。

(b) 反向运动

宇宙万事万物既然无不相反对立，而老子特别重视负面的、反面的价值。三十九章王弼注说：“高以下为基，贵以贱为本，有以无为用。”已把这个意思诠释得很清楚。我们现在再引老子自己的话来说明。老子说：“曲则全，枉则直。洼则盈，敝则新。”（二十二章）

曲、枉、洼、敝是人人都讨厌的，但老子却认为全、直、盈、新，就在其中，只是这个道理一般不知道罢了。所以他说：“后其身而身先，外其身而身存。”（七章）

谦让退后，反而能得到推戴；舍己为人，反而能身受其益。这和儒家的“满招损，谦受益”是同一道理。因此，老子要人守柔，居下，要人无知，抱朴，要人居于反面，因为反面才是到达正面的捷径。

一般人都喜欢追求美的、好的、正面的，结果适得其反。所以老子说：

“明道若昧，进道若退，夷道若类。”（四十一章）

“既以为人己愈有；既以与人己愈多。”（八十一章）

“将若歙之，必固张之。将欲弱之，必固强之。将欲废之，必固举之。将欲夺之，必固与之。”（三十六章）

明了这个道理，就知道老子为什么要说“弱者道之用”；而老子的哲学，为什么被人家称为“弱道哲学”了。

(c) 循环反复

“相反相成”、“反向运动”，固然是宇宙万物变化的法则，但这个法则的极致，还在“循环反复”。因为道体的运动，就是反复不已的。

老子说：“有物混成，先天地生。……吾不知其名，字之曰道，强为之名曰大。大曰逝，逝曰远，远曰反。”（二十五章）

正因为道周流不息，回运不已，才能成就绵延不尽的生命，才能成为万物依循的常轨。而宇宙万物由道所创生，最后也要返回他们的本源——道。这就好像是花叶由根而生，最后复归于根；浪涛由水而成，最后复归于水。老子说：“致虚极，守敬笃。万物并作，吾以观复。夫物芸芸，各复归其根；归根曰静，是谓复命。复命曰常。”（十六章）

道的本体虚无寂静，万物出而生动，入而寂静。所以万物归根，就是归于寂静。道生万物，是由无而有；复归于道，是有归于无。所以“归根”也可以说是万物复归于本性。而这种归根复命的活动，正是道体运行的常轨，也正是万物共同遵守的法则。所以说：“归根曰静，是谓复命，复命曰常。”

“循环反复”既然是一种自然律，是万物共同遵守的法则，人世间的一切，自然也不能例外。所以老子说：

“祸兮福之所倚，福兮祸之所伏。”（五十八章）

“正复为奇，善复为妖。”（五十八章）

儒家所谓“剥极必复”、“否极泰来”，和这个是同样的道理。

这是宇宙的奥秘，但也是不变的常轨。

2. 人生哲学

前面我们说过，万物都需要循道而运动，人是万物之灵，当然也要法道而行了。因此，整个老子的人生哲学，实在是宇宙论的表现。如果把它归结起来，也只有“自然无为”一句话而已。照着这句话去做，人们自可与道合一，与自然和谐，而了无凶灾。其中，又可分为几个较具体的法则。

（1）抱朴守真。真朴是道的本质。抱朴守真就是抱持浑朴的精神，保守天真的本性，以免为外在的事物所蒙蔽，为自己的嗜欲所陷溺，而离道去德，进而混乱社会，扰动世俗。所以老子说：

“敦兮其若朴。”（十五章）

“见素抱朴。”（十九章）

“复归于朴。”（二十八章）

老子书中常以“婴儿”比喻天真。因为人类保真最彻底而纯正的，莫如婴儿。所以老子说：

“专气致柔，能婴儿乎！”（十章）

“常德不离，复归于婴儿。”（二十八章）

“含德之厚，比于赤子。”（五十五章）

婴儿不知不识，纯然天机，无所谓善，也无所谓不善，这不正是至真至朴的境界吗？

（2）轻利寡欲。人的道性会受外物所蒙蔽，这外物是什么呢？不外名利财货、声色犬马而已。然而，不论其中的哪一项，都足可令人心迷神醉，何况人往往全部都要追逐，并且没有止境呢？其实，平心静气地想一想，这些东西真的值得我们去追求吗？就拿名利财货来说吧！哪一个不是身外之物？如果以为追求的过程自有乐趣存在，或把获得它们当成至上的愉悦，则这种愉悦与乐趣，也只能作为一时的自我陶醉的针剂而已。试想：如果有一天失去了这些财利，是否还能快乐而不哀伤呢？如果回想当初为追逐一时之快，身体精神两受疲累，恐怕懊悔也来不及了。难怪老子要大叹："名与身孰亲？身与货孰多？"（四十四章）

更何况即使得到了，也未必能长久享受，说不定还会带来灾祸呢？所以老子发人深省地说：

"金玉满堂，莫之能守；富贵而骄，自遗其咎。"（九章）

名利财货是如此，声色犬马也是如此。本来，饮食视听，自有生理上的基本需求，满足也就算了，多了，反而没有好处。所以老子说：

"五色令人目盲，五音令人耳聋，五味令人口爽，驰骋畋猎，

令人心发狂。”（十二章）

“圣人为腹不为目。”（十二章）

所谓“为腹不为目”，指的正是满足生理的需要，不作贪婪的追求。这样，不但身体健康，神志也可以清明。无奈世人多不如此，妄念奇想层出不穷，不但自身遭到损害，更造成社会的紊乱，真是罪莫大焉。

当然，财货是人生所不可缺乏的凭借，饮食是躯体所不可缺乏的动力。我们所谓不追逐，不贪欲，并非一概抹煞其存在意义，只是叫人有所节制，不过分贪求而已。这也就是老子所说的：

“少私寡欲。”（十九章）

“知足不辱，知止不殆，可以长久。”（四十四章）

正因为如此“寡欲”、“知足”、“知止”，而后身心才能各得其正。须知：

“祸莫大于不知足，咎莫大于欲得。”（四十六章）

过分贪心，不但不能获得满足，恐怕还要招致灾祸呢！

除了在量的方面要知足节制以外，所谓“轻利寡欲”尚有另外一层意义，那就是在追求过程中也要自然而不强求。这两层意义如果忽视了任何一端，都会贻害无穷的。

（3）绝巧弃智。人除了为财货声色等外物蒙蔽外，自己心志的驰骛也往往使人步入歧途。而所谓心志的驰骛，就是表现个人的智巧。一般人总是好要聪明，弄技巧，以为不这样就不能表现自己的高明，不如此就不能获致功绩，殊不知其结果反而奇物滋起，乱事迭生。社会因而紊乱不安，自身更是终日惶惶。所以老子说：

“智慧出，有大伪。”（十八章）

“绝圣弃智，民利百倍。”（十九章）

如果过分驰骋个人的才智，则必心力交瘁而所知愈不明，甚至为人所利用，而危害社会，难怪老子要说：“智慧出，有大伪。”这样，还不如没有智慧的好呢?

技巧也是一样，愈发达则争夺愈多，盗贼蜂起。所以老子说：

“绝巧弃利，盗贼无有。”（十九章）

老子反对智巧，并不是要人变成白痴，只是要人不妄用智巧，而顺应自然罢了，所谓“大巧若拙”（四十五章），就是这个意思。荀子曾说：“大巧在所不为，大智在所不虑。”（《荀子·天论》）都和老子的意见不谋而合。可见哲人的看法都相去不远。

（4）致虚守静。班固《汉书·艺文志·诸子略序》叙述道家说："清虚以自守，卑弱以自持，此其所长也。""清虚"就是"虚静"。虚静是道家的特点，其重要可想而知。我们知道，道体原本虚静，人体道而行，自然要守虚静了。老子说：

"致虚极，守静笃。万物并作，吾以观复。"（十六章）

虚则能受，静则能观。人的心灵本来是虚明寂静的，但往往为私欲所蔽，而昏昧紊乱。所以必须"致虚"、"守静"，克去私欲，使心体回复本性的清明寂静，然后才能不致为纷杂的外物所扰乱，才能观察出万物演化归根，才能悟道，才能修道。荀子论修心也说："虚一而静谓之大清明。"（《荀子·解蔽》）可见虚静功夫不仅道家重视，儒家也很重视。

静不仅能观，也能胜躁、胜动，所谓"以静制动"就是。所以老子说：

"重为轻根，静为躁君。"（二十六章）

"牝常以静胜牡。"（六十一章）

虚不仅能受，也能成己、成物，所谓"虚怀若谷"就是。所以老子说：

“上德若谷。”（四十一章）

“大盈若冲，其用不穷。”（四十五章）

虚静有这么多的好处，难怪老子要勉励人“致虚极，守静笃”了。

（5）无私不争。前面所说的真朴、虚静，大抵是就个人修养而言的；至于处世法则，老子也讲得很清楚，总括起来，可分为两大项：在待人方面，要无私无我，卑弱不争；在接物方面，要无为自然，不骄不矜。这里先谈待人的法则。

社会是人的结合体，社会的纷乱，起源于人群的不和睦，也就是起源于人的争端。因而，要泯灭纷乱，必先消除争端，而消除争端，必先化解个人的私执。由于个人有私执，近则固执己见，仅顾私利；远则互争货利，互逐声名。这样，社会怎能不紊乱呢？所以，老子在待人方面，首先就提出无私、无我。他说：

“吾所以有大患，为吾有身，及吾无身，吾有何患？”（十三章）

这“无身”，就是无我、无私。人能如此，不仅自身安适自得，也不会扰动世俗，何乐而不为？在无我、无私的前提下，老子所操持的待人态度，便是柔弱不争。他说：

“上善若水。水善利万物而不争，处众人之所恶，故几于道。”（八章）

“江海所以能为百谷王者，以其善下之，故能为百谷王。”（六十六章）

“我有三宝，持而保之。一曰慈，二曰俭，三曰不敢为天下先。”（六十七章）

“不敢为天下先”，就是“不争”。不争的结果，是“天下莫能与之争”。老子识透其中道理，所以说：

“圣人后其身而身先，外其身而身存，非以其无私耶？故能成其私。”（七章）

谦下不争的功用如此昭显，人何必再汲汲于私利己见？只要顺应自然，就能既利人又利己了。

(6) 无为不矜。急功好利，是常人易患的毛病。结果，不仅难以立功，还要招致失败。其原因，就在过分有为的关系。老子说：

“为者败之，执者失之。”（六十四章）

创事立功，要想无败无失，只有自然无为，顺应时势，该动则动，该止则止。也就是要“为无为，事无事”（六十三章）；唯有抱着因任自然“无为”、“无事”的态度去“为”、去“事”，才不敢失败，而能达成永恒的伟业。试看：

“圣人无为，故无败；无执，故无失。”（六十四章）

“不言之教，无为之益，天下希及之。”（四十三章）

人除了急功好利，表现有为外，还喜欢炫耀自己，自矜自夸，其结果一定是无功无劳。因为无功而矜夸，固令人厌恶；有功而矜夸，也会贬低自己的功劳。所以老子说：“自见者不明，自是者不彰，自伐者无功，自矜者不长。”（二十四章）

反之：“不自见，故明；不自是，故彰；不自伐，故有功；不自矜，故长。”（二十二章）

“自矜者不长”，“不自矜，故长”，这正是“满招损，谦受益”的另一说法。自矜自夸，是自居其功，自恃其德，有我有私，皆不合道。所以，其结果必至自我否定——不长。若不居其功，不恃其德，无我无私，最后反而可能功德交归。后汉冯异，就是一个最好的例证。所以老子说：“功成而不居。夫唯弗居，是以不去。”（二章）

3. 政治思想

希腊哲学家柏拉图曾著有《理想国》一书，表现他的政治理想。老子虽没有那样的专著，却也有他的理想国。他的政治理想，具体表现于《道德经》八十一章。原文是：

“小国寡民，使有什伯之器而不用，使民重死而不远徙。虽有舟舆，无所乘之；虽有甲兵，无所陈之。使人复结绳而用之。甘其食，美其服，安其居，乐其俗。邻国相望，鸡犬之声相闻，民至老死不相往来。”（八十章）

在这一国度里，没有苛政，没有战争。人民淳朴，生活简单，但甘食美服，安居乐业。不需要奔波劳碌，也没有恐惧烦恼，这是一个多么美好的世界。这一个“世外桃源”，和柏拉图的理想国一样，恐怕永远无法在人世间实现；但正因为无法实现，也才特别令人羡慕，令人神往。

理想国无法实现的原因，有主观的，有客观的。主观的原因是人类自私、多欲；客观原因是人类孳生繁衍，越来越多，流品越来越杂；而知识技巧也越来越“进步”。因此，要实现理想国，必先要克服主观和客观的阻碍。而老子的政治理论，正是为了克服这些阻碍而设。

(1) 守道抱一。道是宇宙万物的本源，也是宇宙万物演化的法则。待人处事要以它为规范，治政当然也要以它为最高指导原则。因此，治政者的第一要务，就是守道。老子曾说：“道常无为而无不为，侯王若能够守之，万物将自化。”（三十七章）

又说：“侯王若能守之，万物将自宾。”（三十二章）

治政者守道顺道当然是应该的；但为什么还要抱一呢？原来一虽然是由道而生，但却是“数之始而物之极”（王弼注），所以又可以代替道。抱一就是抱道。老子曾说：

“是以圣人抱一为天下式。”（二十二章）

“侯王得一以为天下贞。”（三十九章）

守道抱一，只是治政的原则，至于治政的方法，则有下列几端。

（2）无为自化。所谓“无为”，并非一无作为，而是顺应自然，不造作，不妄为的意思。无为是手段，自化则是目的。老子说：

“我无为而民自化，我好静而民自正，我无事而民自富，我无欲而民自朴。”（五十七章）

因为宇宙万物的创生，自有其天然的和谐在，只要依道而行，自然生生不已，不必加以干预。治人也是如此，人人都有道性，也就是说人人都有自治的能力，为人君的，不过在促使万物自化，人人自治而已，并不需要横加干预。六十四章说：“辅万物之自然，而不敢为。”就是最好的证明。

在老子看来，“天下神器，不可为也，不可执也。”（二十九章）高明的治政者懂得这个道理，所以“治大国，若烹小鲜”（六十章）。只“处无为之事，行不言之教”（二章），而自己“常无心，以百姓心为心”（四十九章）。“无狎其所居，无厌其所生。”（七十二章）使得人民“不知有之”（十七章）。等到“功成，事遂，百姓皆谓：我自然”（十七章），如此，可以说是完全达到“自化”的目的了。

如果不懂得这个道理，而妄为妄作，结果不仅一事无成，还可能得到相反的效果。所以老子说：

“民之难治，以其上之有为，是以难治。”（七十五章）

“为者败之，执者失之。”（二十九章）

（3）无智守朴。老子的政治思想，主张守道无为，当然反对任用私智。他曾说：

“以智治国，国之贼；不以智治国，国之福。”（六十五章）

由此可见他对治政者用私智治国，是多么厌恶了。他又说：

“绝圣弃智，民利百倍。”（十九章）

“爱国治民，能无知乎？”（十章）

老子所以如此厌恶以智治国，原因是“智慧出，有大伪”（十八章）。我们看看今天越进化的都市，诡诈欺骗的事越多；而穷乡僻壤，民风反而纯朴可爱。不是证明了老子的话是千真万确么！

智巧可以产生诈伪，而诈伪的反面是纯朴。老子既然反对用智巧治政，当然主张用纯朴治民了。所以他说：

“朴散则为器，圣人用之，则为官长。”（二十八章）

“化而欲作，吾将镇之以无名之朴。”（三十七章）

老子不仅主张政治者无智守朴，即使被治者的人民，也要如此。他说：

“是以圣人之治，常使民无知无欲。”（三章）

“百姓皆注其耳目，圣人皆孩之。”（四十九章）

婴儿是最纯朴的。人民如婴儿，治政者对待他们则“如保赤子”，治政者和被治者都纯然天机，毫无私欲，这样的政治，岂不是最理想的政治吗！

（4）谦下退让。谦下退让，是老子治政方法之一。政治地位愈高的人，愈要谦让，如此才能高而不危，长守其贵。世界上最高的莫如天体，而《诗经·小雅·正月》说：“谓天盖高，不敢不局。”天体高，所以要把身体弯下去。人法天，地位愈高，当然

愈要谦让。所以老子说：“受国之垢，是谓社稷主；受国不祥，是谓天下王。”（七十八章）

世界上最低的莫如江海，老子曾经用江海作比喻说：

“江海所以能为百谷王者，以其善下之，故能为百谷王。是以欲上民，必以言下之；欲先民，必以身后之。”（六十六章）

孤、寡、不穀，是人人所厌恶的字眼，可是王公却拿来称呼自己。老子说：

“人之所恶，唯孤、寡、不穀，而王公以为称。”（四十一章）

“贵以贱为本，高以下为基，是以侯王自谓孤、寡、不穀。”（三十九章）

治政者谦下退让，不仅可以长保其禄位，还可以指使人，利用人。老子说：“善用人者为之下。”（六十八章）

刘备三顾茅庐，请出孔明，言听计从，结果三分天下有其一。苻坚得王猛于草茅之中，宠幸有加，结果略有天下之半。这些都是“善用人者为之下”的实例，可证老子的话并非纸上谈兵哩！

二、老子思想的精神

老子思想虽以“道”为基础，但是他的思想精神却在“自然”两个字。他的人生哲学、政治思想固然以自然为宗，他的宇宙论也以自然为法。因此，我们如果说老子哲学是“自然哲学”，那恐怕是再恰当不过了。

老子说：“人法地，地法天，天法道，道法自然。”（二十五章）“道”是宇宙万物创生的根源，所以人、地、天都要法“道”，但“道”并不是毫无规律，为所欲为的，它还必须以“自然”为法。当然我们不能说在“道”的上面另有一个叫做“自然”的东西，为“道”所遵循，因为这样就弄乱了老子的思想体系。“自然”是自然而然，是自然如此的意思，它是“道”的精神所在，是“道”所具有的一切特性之中最主要的部分。五十一章说：“道之尊，德之贵，夫莫之命而常自然。”“道”和“德”所以受到万物的尊仰，就在于它们常法“自然”。由此看来，“道”和“德”的价值，就在于“自然”，如果不以“自然”为法，“道”和“德”就失去其价值了。因此，所谓“万物恃之而生而不辞，功成不名有，衣养万物而不为主”（三十四章），所谓“生而不有，为而不恃，长而不宰”，（五十一章）说得清楚一点，就是顺其自然罢了。

天地法“道”，实际上也是法自然。二十三章说：“飘风不终朝，骤雨不终日。”飘风、骤雨是天地反常，不顺“自然”的现象。既然不顺“自然”，当然就不能维持长久了。

“自然”表现在政治思想方面，就是“无私”、“无为”。四十九章说：“圣人常无心，以百姓心为心。”所谓“常无心”，就是“无私”。既然无私心，当然“以百姓心为心”。这在现在说来，就是民主思想。难怪严几道要说：“老子思想，是民主国家所运用的。”（《老子道德经评点》）其实这在老子来说，只是顺应“自然”而已。第二章说：“处无为之事，行不言之教。”二十三章说：“希言自然。”“希言”就是“行不言之教”。也就是“无为”。为政者的目的，就在“复众人之所过，以辅万物之自然”（六十四章）。自己如何能有为呢？“我无为而民自化。”（五十七章）又何必要有为呢？自然无为的结果是“功成事遂，百姓皆谓：我自然”（十七章）。

“自然”表现在人生哲学方面，就是“无欲”、“不争”。“无欲”就是“无私”。“不争”就是“无为”。前者是修己的根本，后者是处人的原则。因为无欲，所以能够知足；因为不争，所以能够谦下。知足常乐，谦下得益，第七章说：“非以其无私邪，故能成其私。”六十六章说：“以其不争，故天下莫能与之争。”无私则能成其私，不争则莫能与之争，都是依循“自然”的结果。这和“道”、“德”依循“自然”，“万物莫不遵道而贵德”（五十一章）是同一个道理。

总之，无论是人、地、天、道，也无论是治政、修身、处人，无不以“自然”为本。所以，我们可以说：“自然”就是老子思想的精神。

三、老子思想的价值

老子思想的价值，依个人愚见，至少有下列二端：一是思想幽深，境界高远，一是正言若反，进道若退。前者属于道体，后者属于道用。兹分述如下：

1. 任何一个学派，任何一种宗教，必须先建立形而上的体系，然后其思想才能有所发扬，其教义才能有所开展。小说家之所以不入流，就是因为“小道”而不能致远。司马谈《论六家要旨》，不收杂家、农家、纵横家，也是因为这三家没有哲理上的根据作为后盾的原因。佛家传入中土而大放异彩，不是由于它的严格教规，而是由于它的精深教义；道教兴起而要用《道德经》作为中心经典，也是由于《道德经》的思想玄妙。儒家思想，孟轲之后不得其传，就是由于哲理的深度不够。有宋诸子看出了这一点，才作《太极图说》、《通书》，才在《礼记》中寻出《大学》、《中庸》二篇，作为儒家思想的哲理基础，于是才奠定理学的地位。由这些例子，可见形而上学是如何的重要了。

老子认为宇宙的本源是“道”，已经够虚玄了，而道之体又是“无”，就更教人难以理解。所以初读《老子》书的人大多要问：“‘道’究竟是什么？”“‘无’怎么能生有呢？”其实，“道”不是什么，也不能是什么。因为是“甲”，就不是“乙”；是“此”，就不是“彼”。是“甲”，是“此”，就不能涵盖一切，不能涵盖一切，怎么能作为宇宙的本源呢？希腊古代哲学家以为宇宙的本源是火是气，其结果如何呢？如果我们真的追究出来了“道”是什么，“道”即刻就失去了它的价值；就犹如我们如果追究出上帝是什么，上帝也就即刻失去了作为宇宙主宰的资格一样。这就是为什么《道德经》一开头便说“道可道，非常道”的道理了。

《道德经》第四章说：“天下万物生于有，有生于无。”《庄子·天地》篇也说：“泰初有无，无有无名，一之所起。”“无”既能生“有”，为万物的本源，当然是道之体了。“无”为道体，才能显出道体的无限，才能有无限的开展，而“常无”，才能“观其妙”；若道体为“有”，则内涵有限，其开展亦难广远，而“常有”，也只能“观其徼”了。

老子的形而上哲学是如此的深远，是如此的玄妙，当然可以放诸四海，垂诸百世。而研究者游神于无涯之境，寄心于无底之渊，永远无法探究出事实真相，也永远保持着探究的兴趣。同时由于道体虚无，因此每一个研究者都能按照自己的想法各有所获，所谓仁者见之而为仁，智者见之而为智。此所以《老子》这本书，兵家引用，法家也引用，纵横家引用，杂家也引用，武侠击技之流引用，星相卜筮之徒也引用，真是“旁通而无涯，日用而不匮”（《文心雕龙·原道》）。而所有这些，都是由于老子思想幽深，境界高远的关系。

2. 由于老子具有无上的智慧，因此他对所有事物往往有深入一层的看法，他能透过事物的表象，而直探其底蕴，而提出和一般常识完全不同的主张。譬如他主张“无为”、“无智”、“无欲”、“无私”，主张处弱居下，主张归真返朴，主张守柔取弱。这些主张见解，在表面上似乎违反常理，不能为一般人所接受，然而背后却含有极为深刻的道理。这就是他自己所说的“明道若昧，进道若退”（四十一章）与“正言若反”（七十八章）吧！

就以“守柔”一事为例。四十章说：“弱者道之用。”这一句话，概括了整个老子的人生哲学。一般都认为老子这种弱道哲学太消极了，不适用于今日“优胜劣败，适者生存”竞争激烈的时代。其实，老子主张柔弱，并非追求柔弱本身，而是有见于“柔弱胜刚强”（六十六章）、“柔弱者生之徒”（七十六章）才主张柔弱的。柔弱是其手段，刚强、生，才是其目的。所以他说：“守柔曰强。”（五十二章）我们看强烈的台风，可以拔山倒树，却拔不起一根小草，草因柔弱而得生存。我们再看“天下莫柔弱于水，而攻坚强者莫之能胜”（七十八章）。柔弱得生，柔弱胜刚强，这不是非常清楚的道理吗？一般人看到表面刚强的，就认为是强，殊不知表面强的，实质未必强，此时强的，彼时未必强。所谓“兵强则不胜，木强则兵”（七十六章），所谓“人之生也柔弱，其死也坚强”（同上），正是这个道理。而柔弱之中实含有刚强的因素，再加上柔能克刚，弱能胜强，所以老子抛弃表面的刚强，而取实质上的刚强——柔弱。不过这要透过柔弱的表面才能看出，一般人眼光短浅，当然是看不出的。老子以无上的睿智，看法往往较一般人深入，能够看到事物的里面、反面，所以能见到人所不能见的道理，说出和一般人相异的言论。由此看来，老子的思想并不消极，不仅不消极，并且还超越了积极的层面呢！“守弱”的主张如此，其他“无为”、“无欲”……等主张无不如此，这些都是“正言”、“进道”，只是看起来“若反”、“若退”而已。

形而上哲学的思想幽深、境界高远，人生哲学的“正言若反”、“进道若退”，是老子哲学的两大特点，也是老子思想所特有的价值。

四、老子思想的影响

老子思想的影响，既广且远。兹分学术思想、政治、文学三方面作一叙述。

1. 学术思想

老子对学术思想方面的影响，最早是先秦诸子，其次是魏晋文学，再次是佛学，最后是宋代理学。

（1）先秦诸子。先秦诸子受老子思想影响最深的，首推庄子，《史记·老庄申韩列传》说：“其学无所不窥，然其要归本于老子之言。……作《渔父》、《盗跖》、《胠箧》，以诋毁孔子之徒，以明老子之术。”《庄子》全书可以说都贯穿着老子思想，书中引《老子》的文字也特别多，外篇引了十九次，杂篇引了五次，内篇虽不曾引，但提老子的名共三次，由此看来，老庄一脉相承应该是没有问题的。

其次是申不害、韩非。《史记·老庄申韩列传》说："申子之学，本于黄老，而主刑名。"又说："韩非喜名法术之学，而其归本于黄老。"《申子》二篇，已不可见；但韩非子五十五篇，其中很多非难儒者的地方，而取道家虚静无为之学说以为辅助，《解老》、《喻老》二篇，更引老入法，以法解老。《主道》、《扬权》二篇，也主张君主执一以静，无为无事，去智废巧，与老子政治思想完全吻合。由此可见司马迁把老庄申韩同列一传，实在是有深意的。

又《史记·孟荀列传》说："慎到、赵人。田骈、接子、齐人。环渊，楚人。皆学黄老道德之术，因发明序其指意。"除庄子、申不害、韩非而外，慎到、田骈、接子、环渊，也深受老子思想的影响。

（2）魏晋玄学。道家学说，经过两汉的沉寂，到魏晋南北朝时，又勃然复兴。这前后三百多年之间，讨论哲理的风气大盛，形成了所谓清谈之风。而所谈论的题材，则是"三玄"。所谓"三玄"，据《颜氏家训·勉学》所记，则是指《老子》、《庄子》和《周易》。不过周易经过王弼的注解，事实已和《老子》同类。当时的学者有所著作，大部分都在说明老庄的旨趣，如何晏的《老子道德论》，王弼的《周易注》、《老子注》，阮籍的《达庄论》、《大人先生论》，嵇康的《释私论》等都是。其中以王弼最为突出。这位以弱冠之年所注的《周易》，现在是十三经注疏本，而他的《老子注》，更是千余年来研究老子的人必读的典籍。

在他之后，注解《老子》者不下千百家，但没有一个人能够超得过他。他对老子的贡献，古今中外可说是无出其右的了。

（3）佛学。佛学传入中国，虽始于汉明帝永平十年（公元67年），但经过魏晋时期以道家思想为解说的津梁，以老庄比附佛经，于是才开始兴盛，至于隋唐而极盛一时。

道家崇尚虚玄，佛家崇尚空寂，二者思想颇为接近。因此，当时谈玄之士，多觉得老庄与佛学并无二致。如刘虬《无量义经序》说："玄圃以东，号曰太一；罽宾以西，字为正觉，希无之与修空，其揆一也。"范晔论佛教说："详其清心释累之训，空有兼遣之宗，道书之流。"（《后汉书·西域传论》）所以当时士人多有用"三玄"中的言论解释佛经的，如慧远、道安、支遁等。这种以"外典"讲解佛经，当时称为"格义"。甚至到后来反而用佛学来解释道家之言了。当时的高僧如鸠摩罗什、僧肇、慧观、慧琳、慧严等人，便都注过老子，由此也可见老子思想盛行的情形了。

（4）理学。理学是儒家思想的发扬光大。儒家思想自孟子之后而不得其传，其原因是儒家学说所谈的皆在人生日用之间，而缺乏高深的理论，难以满足人心。宋代诸儒有见于此，遂大谈哲理，建立起形上学的基础。今举五子之首的周敦颐为例，他所作太极图，《宋史》本传说："明天理之根源，究万物之终始。"宋明理学家讲宇宙发生论的，多就其图说加以推衍。但他的太极图则是本自道教的太极先天图。《宋史·儒林列传·朱震》说："陈抟以先天图传种放，种放传穆修，……穆修以太极传周敦颐。"朱彝尊论周敦颐的太极图，本名无极图。陈抟居华山，以无极图刊于石壁。其最下圈名为玄牝之门，最上一圈名为炼神返虚，复归无极（《太极图传受考》）。皆可为证。先天图是道教的作品，而道教又渊源于老子，因此，太极图自不能说与老子毫无关系了。

太极图与道家有关，《通书》亦然。此后理学家大多以此二者为骨干，因此，我们可以发现，理学家在形上哲理方面，受老子思想的影响很大。

2. 政治

老子思想对政治方面的影响，具体表现于汉初惠帝、文帝、景帝三朝，直到武帝罢黜百家、独尊儒术为止。惠帝时，曹参为相国。当他做齐相时，“闻胶西有盖公善治黄老言，使人厚币请之。既见盖公，盖公为言治道，贵清静，而民自定。”“其治要用黄老术，故相齐九年，齐国安集。”（《史记·曹相国世家》）后来“代何为汉相国，举事无所变更，一遵萧何约束。择郡国吏木诎于文辞，重厚长者，即召除为丞相史。吏之言文刻深，务欲声名者，辄斥去。日夜饮醇酒。”（同上）于是无为而天下治，百姓都歌颂道：“载其清静，民以宁一。”（同上）

至文帝即位，“有司议欲定仪礼，孝文好道家之学，以为繁礼饰貌，无益于治，故罢去之。”（《史记·礼书》）“即位二十三年，宫室苑囿，狗马服御，无所增益。上常衣绨衣，所幸慎夫人，令衣不得曳地，帏帐不得纹绣，以示敦朴，为天下先。”（《史记·孝文本纪》）及景帝即位，“窦太后好黄帝老子之言，帝及太子诸窦，不得不读黄帝老子，尊其术。”（《史记·外戚世家》）武帝好儒术，赵绾、王臧议立明堂，以朝诸侯，草巡狩封禅改历服色，事为窦太后得知，召案赵、王二人，最后逼得二人自杀，事才了结。直到太后去世，武帝才得一展其伟大抱负。

所以从汉初直到武帝初年，都是行的黄老政治。由于治政者清静无为，结果国富民殷，太仓之粟，溢于仓外，府库之财，年久索断，因而才使武帝能够完成他的震古烁今的武功。武帝以后，道家思想在政治方面由明入暗，易主为辅，与儒家思想配合，形成了两千年来儒表道里的政治。

3. 文学

老子思想影响于文学，最早是在晋永嘉至义熙约一百年间。这段时期，由于玄学盛兴，诗人文士发为文章，大多理胜于辞，而平典乏味。钟嵘《诗品》序就曾说：“永嘉时，贵黄老，稍尚虚谈。于时篇什，理过其辞，淡乎寡味。爰及江表，微波尚传。孙绰、许询、桓、庾诸公，诗皆平似道德论，建安风力尽矣。”《续晋阳秋》也说：“正始中，王弼、何晏好老庄玄胜之谈，而世遂贵焉。至过江，佛理尤盛，故郭璞五言，遂会合道家之言而韵之。询及太原孙绰，转向祖尚，又加三世之辞，而诗骚之体尽矣。询、绰并为一时文宗，自此作者悉体之。至义熙中，谢混始改。”（《世说新语·文学篇》注引）又沈约《宋书·谢灵运传论》说：“自建武至于义熙，历载将百，虽比响联辞，波属云委，莫不寄言上德，托意玄珠，遒丽之辞，无闻焉尔。”

描写田园山水风光，而怡情悦性的纯文学作品，也是受了道家的影响而产生的。《诗经》、《楚辞》、汉赋全无道家意味。魏晋以后，由于道家思想盛行，于是文学作品中也就充满了道家的情味和意境。“这种影响，应以陶渊明的田园诗为一显著的开始。陶渊明本人不仅具有道家的思想，并且身体力行，实践道家的教训。因此，他的诗全部反映着道家的情调。”（张起钧先生《智慧的老子》）朱熹曾说：“渊明之辞甚高，其旨出于庄老。”（《朱子语类》）的确是深有见地的看法。这一类作品所描写的都是自然风光，如田园山水是。所表现的，则是闲适的心情、恬淡的胸怀、隐逸的情操、高雅的意境。而这些在儒家人物的文学作品中，是难以找到的。

除学术思想、政治、文学以外，老子的思想也影响及于宗教、习俗、方技等。不过这些只是老子思想的“边际效用”，限于篇幅，不一一详述了。

附录：重要参考书目

《老子注》	王弼	河洛出版社
《老子章句》	河上公	广文书局
《老子翼》	焦竑	广文书局
《帛书老子》		河洛出版社
《马王堆帛书老子试探》	严灵峰	河洛出版社
《老子达解》	严灵峰	艺文印书馆
《老庄哲学》	张起钧	正中书局
《智慧的老子》	张起钧	新天地书局
《老子探义》	王淮	台湾商务印书馆
《老子正诂》	高亨	开明书局
《老子哲学》	胡哲敷	中华书局
《老子学术思想》	张扬明	黎明书局
《禅与老庄》	吴怡	三民书局
《老子的政治思想》	蔡明田	世界书局
《老子本义》	魏源	台湾商务印书馆

《老子注》	陈澧	台湾商务印书馆
《老子想尔注校笺》	饶宗颐	香港大学
《老子考异》	毕沅	东洋大学出版部
《老子的哲学》	大滨皓	专心企业有限公司
《老子王注校正》	波多野太郎	横滨市立大学
《老子选注》	陈柱	台湾商务印书馆
《老子校诂》	蒋锡昌	明伦出版社
《老子集成》	严灵峰	艺文印书馆
《老子今注今译》	陈鼓应	商务印书馆
《老子正解》	纪敦诗	台湾商务印书馆
《读老庄札记》	陶鸿庆	艺文印书馆
《老子新证》	于省吾	艺文印书馆
《庄老通释》	钱穆	新亚研究所
《老子斠补》	刘师培	艺文印书馆
《老子哲学》	王邦雄	三民书局
《老子读本》	余培林	三民书局